读书与人生

胡适 著

万卷出版有限责任公司
VOLUMES PUBLISHING COMPANY

图书在版编目（CIP）数据

读书与人生 / 胡适著. — 沈阳 : 万卷出版有限责任公司,
2022.1（2025.2重印）

ISBN 978-7-5470-5688-2

Ⅰ.①读… Ⅱ.①胡… Ⅲ.①胡适（1891-1962）—
演讲—文集 Ⅳ.①C52

中国版本图书馆CIP数据核字（2021）第153276号

出　品　人：王维良
出版发行：万卷出版有限责任公司
　　　　　（地址：沈阳市和平区十一纬路29号　邮编：110003）
印　刷　者：辽宁新华印务有限公司
经　销　者：全国新华书店
幅面尺寸：145 mm × 210 mm
字　　　数：220千字
印　　　张：8.5
出版时间：2022年1月第1版
印刷时间：2025年2月第3次印刷
责任编辑：王　越
责任校对：张　莹
版式设计：李英辉
ISBN 978-7-5470-5688-2
定　　　价：39.80元
联系电话：024-23284090
传　　　真：024-23284448

目
Contents
录

人生问题[①]

1903年，我只有十二岁，那年12月17日，有美国的莱特弟兄做第一次飞机试验，用很简单的机器试验成功，因此美国定12月17日为飞行节。12月17日正是我的生日，我觉得我同飞行有前世因缘。我在前十多年，曾在广西飞行过十二天，那时我做了一首《飞行小赞》，这算是关于飞行的很早的一首辞。诸位飞过大西洋、太平洋，我在民国三十年，在美国也飞过四万英里，这表示我同诸位不算很隔阂。今天大家要我讲人生问题，这是诸位出的题目，我来交卷。这是很大的问题，让我先下定义，但是定义不是我的，而是思想界老前辈吴稚晖的。他说：人为万物之灵，怎么讲呢？第一，人能够用两只手

---

① 本文为1948年8月12日胡适在北平空军司令部的演讲，原载1948年8月13日北平《世界日报》。

做东西。第二，人的脑部比一切动物的都大，不但比哺乳动物大，并且比人的老祖宗猿猴的还要大。有这能做东西的两手和比一切动物都大的脑部，所以说人为万物之灵。人生是什么？即是人在戏台上演戏，在唱戏。看戏有各种看法，即对人生的看法叫做人生观。但人生有什么意义呢？怎样算好戏？怎样算坏戏？我常想：人生意义就在我们怎样看人生。意义的大小浅深，全在我们怎样去用两手和脑部。人生很短，上寿不过百年，完全可用手脑做事的时候，不过几十年。有人说，人生是梦，是很短的梦。有人说，人生不过是肥皂泡。其实，就是最悲观的说法，也证实我上面所说人生的有没有意义全看我们对人生的看法。就算他是做梦吧，也要做一个热闹的，轰轰烈烈的好梦，不要做悲观的梦。既然辛辛苦苦的上台，就要好好的唱个好戏，唱个像样子的戏，不要跑龙套。人生不是单独的，人是社会的动物，他能看见和想象他所看不到的东西，他有能看到上至数百万年下至子孙百代的能力。无论是过去，现在，或将来，人都逃不了人与人的关系。比如这一杯茶（讲演桌上放着一杯玻璃杯盛的茶）就包括多少人的贡献，这些人虽然看不见，但从种茶，挑选，用自来水，自来水又包括电力等等，这有多少人的贡献，这就可以看出社会的意义。我们的一举一动，也都有社会的意义，譬如我随便往地上吐口痰，经太阳晒干，风一吹起，如果我有痨病，风可以把病菌带给几个人到无数人。我今天讲的话，诸位也许有人不注意，也许有人认为没道理，也许说胡适之胡说，是瞎说八道，也许有人因我的话回去看看书，也许竟一生受此影响。一句话，一句格言，都能影响人。我举一个极端的例子：两千五百年前，离尼泊尔不远地方，路上有一个乞丐死了，尸首正在腐烂。这时走来一位年轻的少爷叫Gotama，后来就是释迦牟尼佛，这位少爷是生长于深宫中不知穷苦的，他一看到尸首，问这是什么？人说这是死。他说：噢！原来死是这样子，我们都不能不死吗？这位贵族少爷就回去想这问题，后来跑到森林中去想，想了几年，出来宣传他的学说，就是所谓佛学。这尸身腐烂一件事，就有这么大的影响。飞机在莱特兄弟做试验时，是极简单的东西，经四十年的工夫，多少人聪明才智，才发展到今天。我们一举一动，一言一行，一点行为都可以有永远不能磨灭的影响。几年来的战争，都是由希特勒的一本《我的奋斗》闯的祸，这一本书害了多少人？反过来说，一句好话，也可以影响无数人，我讲一个故事：民国元年，有一个英国人到我们学堂讲话，讲的内容很荒谬，但他的O字的发音，同普通人不一样，是尖声的，这也影响到我的O字发音，许多我的学生又受到我的影响。在四十年前，有一天我到一外国人家去，出来时鞋带掉了，那外国人提醒了我，并告诉我系鞋带时，把结头底下转一弯就不会掉了，我记住了这句话，并又告诉许多人，如今这外国人是死了，但他这句话已发生不可磨灭的影响。总而言之，从顶小的事情到顶大的像政治、经济、宗教等等，我们的一举一动都有不可磨灭的影响，尽管看不见，影响还是有。在孔夫子小时，有一位鲁国人说：人生有三不朽，即立德，立功，立言。立德就是最伟大的人格，像耶稣、孔子等。立功就是对社会有贡献。立言包括思想和文学，最伟大的思想和文学都是不朽的。但我们不要把这句话看得贵族化，要看得平民化，比如皮鞋带打结不散、吐痰、O的发音，都是不朽的。就是说：不但好的东西不朽，坏的东西也不朽，善不朽，恶亦不朽。一句好话可以影响无数人，一句坏话可以害死无数人。这就给我们一个人生标准，消极的我们不要害人，要懂得自己行为。积极的要使这社会增加一点好处，总要叫人家得我一点好处。再回来说，人生就算是做梦，也要做一个像样子的梦。宋朝的政治家王安石有一首诗，题目是《梦》。说："知世如梦无所求，无所求心普定寂。还似梦中随梦境，成就河沙梦功德。"不要丢掉这梦，要好好去做！即算是唱戏，也要好好去唱。

一个防身药方的三味药①

　　毕业班的诸位同学，现在都得离开学校去开始你们自己的事业了，今天的典礼，我们叫做"毕业"，叫做"卒业"，在英文里叫作"始业"（Commencement），你们的学校生活现在有一个结束，现在你们开始进入一段新的生活，开始撑起自己的肩膀来挑自己的担子，所以叫作"始业"。

　　我今天承毕业班同学的好意，承阁校长的好意，要我来说几句话，我进大学是在五十年前（1910），我毕业是在四十六年前（1914），够得上做你们的老大哥了，今天我用老大哥的资格，应该送你们一点小礼物，我要送你们的小礼物只是一个防身的药方，给你们离开校门，进入大世界，作随时

---

① 本文为1960年6月18日胡适在台南成功大学毕业典礼上的演讲，原载1960年6月19日台北《中央日报》。

防身救急之用的一个药方。

这个防身药方只有三味药：

第一味药叫做"问题丹"。

第二味药叫做"兴趣散"。

第三味药叫做"信心汤"。

第一味药，"问题丹"，就是说：每个人离开学校，总得带一两个麻烦而有趣味的问题在身边作伴，这是你们入世的第一要紧的救命宝丹。

问题是一切知识学问的来源，活的学问、活的知识，都是为了解答实际上的困难，或理论上的困难而得来的。年轻人入世的时候，总得有一个两个不大容易解决的问题在脑子里，时时向你挑战，时时笑你不能对付他，不能奈何他，时时引诱你去想他。

只要你有问题跟着你，你就不会懒惰了，你就会继续有智识上的长进了。

学堂里的书，你带不走；仪器，你带不走；先生，他们不能跟你去，但是问题可以跟你走到天边！有了问题，没有书，你自会省吃省穿去买书；没有仪器，你自会卖田卖地去买仪器！没有好先生，你自会去找好师友；没有资料，你自会上天下地去找资料。

各位青年朋友，你今天离开学校，夹袋里准备了几个问题跟着你走？

第二味药，叫做"兴趣散"，这就是说：每个人进入社会，总得多发展一点专门职业以外的兴趣——"业余"的兴趣。

你们多数是学工程的，当然不愁找不到吃饭的职业，但四年前你们选择的专门职业，真是你们自己的自由志愿吗？你们现在还感觉你们手里的文凭真可以代表你们每个人终身的志愿，终身的兴趣吗？——换句话说，你们今天不懊悔吗？明年今天还不会懊悔吗？

你们在这四年里，没有发现什么新的，业余的兴趣吗？在这四年里，没有发现自己在本行以外的才能吗？

总而言之，一个人应该有他的职业，又应该有他的非职业的玩意儿。不是为吃饭而是心里喜欢做的，用闲暇时间做的——这种非职业的玩意儿，可以使他的生活更有趣，更快乐，更有意思，有时候，一个人的业余活动也许比他的职业还更重要。

英国十九世纪的两个哲学家，一个是弥尔（J.S.Mill），他的职业是东印度公司的秘书，他的业余工作使他在哲学上、经济学上、政治思想史上，都有很大的贡献。一个是斯宾塞（Herbert Spencer），他是一个测量工程师，他的业余工作使他成为一个很有势力的思想家。

英国的大政治家邱吉尔，政治是他的终身职业，但他的业余兴趣很多，他在文学、历史两方面，都有大成就；他用余力作油画，成绩也很好。

今天到自由中国的贵宾，美国大总统艾森豪威尔先生，他的终身职业是军事，人都知道他最爱打高尔夫球，但我们知道他的油画也很有功夫。

各位青年朋友，你们的专门职业是不用愁的了，你们的业余兴趣是什么？你们能做的，爱做的业余活动是什么？

第三味药，我叫他做"信心汤"，这就是说：你总得有一点信心。

我们生存在这个年头，看见的、听见的，往往都是可以叫我们悲观、失望的——有时候竟可以叫我们伤心，叫我们发疯。

这个时代，正是我们要培养我们的信心的时候，没有信心，我们真要发狂自杀了。

我们的信心只有一句话："努力不会白费"，没有一点努力是没有结果的。

对你们学工程的青年人，我还用多举例来说明这种信心吗？工程师的人生哲学当然建筑在"努力不白费"的定律的基石之上。

我只举这短短几十年里大家都知道的两个例子：

一个是亨利·福特（Henry Ford），这个人没有受过大学教育，他小时半工半读，只读了几年书，十六岁就在一小机器店里作工，每周工钱两块半美金，晚上还得去帮别家做夜工。

五十七年前（1903）他三十九岁，他创立Ford Motor Co.（福特汽车公司），原定资本十万元，只招得两万八千元。

五年之后（1908），他造成了他的最出名的Model T汽车，用全力制造这一种车子。

1913年——我已在大学三年级了，福特先生创立他的第一副"装配线"（Assembly Line）。

1914年——四十六年前——他就能够完全用"装配线"的原理来制造他的汽车了。同时（1914）他宣布他的汽车工人每天只工作八点钟，比别处工人少一点钟——而每天最低工钱五元美金，比别人多一倍。

他的汽车开始是九百五十元一部，他逐年减低卖价，从九百五十元直减到三百六十元——第一次世界大战之后，减到二百九十元一部。

他的公司，在创办时（1903）只有两万八千元的资本，到二十三年之后（1926）已值得十亿美金了！已成了全世界最大的汽车公司了。1915年，他造了一百万部汽车，1928年，他造了一千五百万部车。

他的"装配线"的原则在二十年里造成了全世界的"工业新革命"。

福特的汽车在五十年中征服全世界的历史还不能叫我们发生"努力不白费"的信心吗？

第二个例子是航空工程与航空工业的历史。

也是五十七年前——1903年12月17日，正是我十二整岁的生日——那一天，在北加罗林那州的海边Kitty Hawk（基帝霍克）沙滩上，两个修理脚踏车的匠人，兄弟两人，用他们自己制造的一只飞机，在沙滩上试起飞，弟弟叫Owille Wright，他飞起了十二秒钟。哥哥叫Wilbur Wright，他飞起了五十九秒钟。

那是人类制造飞机飞在空中的第一次成功——现在那一天（12月17日）是全美国庆祝的"航空日"——但当时并没有人注意到那两个弟兄的试验，但这两个没有受过大学教育的脚踏车修理匠人，他们并不失望，他们继续试飞，继续改良他们的飞机，一直到四年半之后（1908年5月）才有重要的报纸来报导那两个人的试飞，那时候，他们已能在空中飞三十八分钟了！

这四十年中，航空工程的大发展，航空工业的大发展，这是你们学工程的人都知道的，航空工业在最近三十年里已成了世界最大工业的一种。

我第一次看见飞机是在1912年。我第一次坐飞机是在1930年（30年前）。我第一次飞过太平洋是在二十三年前（1937）；第一次飞过大西洋是在十五年前（1945年），当我第一次飞渡太平洋的时候，从香港到旧金山总共费了七天！去年我第一次坐Jet机，从旧金山到纽约，五个半钟点飞了三千英里！下月初，我又得飞过太平洋，当天中午起飞，当天晚上就到美国西岸了！

五十七年前，Kitty Hawk沙滩上两个脚踏车修理匠人自造的一个飞机居然在空中飞起了十二秒钟，那十二秒钟的飞行就给人类打开了一个新的时代——打开了人类的航空时代。

　　这不够叫我们深信"努力不会白费"的人生观吗？

　　古人说："信心可以移山"（Faith moves mountains），又说："功不唐捐"（唐是空的意思），又说："只要功夫深，生铁磨成绣花针。"

　　青年的朋友，你们有这种信心没有？

找书的快乐①

主席，诸位先生：

我不是藏书家，只不过是一个爱读书、能够用书的书生，自己买书的时候，总是先买工具书，然后才买本行书，换一行时，就得另外买一种书。今年我六十九岁了，还不知道自己的本行到底是哪一门。是中国哲学呢？还是中国思想史？抑或是中国文学史？或者是中国小说史？《水经注》？中国佛教思想史？中国禅宗史？我所说的"本行"，其实就是我的兴趣，兴趣愈多就愈不能不收书了。十一年前我离开北平时，已经有一百箱的书，大约有一、二万册。离开北平以前的几小时，我

---

① 本文为1959年12月27日胡适在台湾"中国图书馆学会"年会上的演讲，原载1962年12月16日台北《中国图书馆学会会报》第14期。

曾经暗想着：我不是藏书家，但却是用书家。收集了这么多的书，舍弃了太可惜，带吧，因为坐飞机又带不了。结果只带了一些笔记，并且在那一、二万册书中，挑选了一部书，作为对一、二万册书的纪念，这一部书就是残本的《红楼梦》。四本只有十六回，这四本《红楼梦》可以说是世界上最老的抄本。收集了几十年的书，到末了只带了四本，等于当兵缴了械，我也变成一个没有棍子、没有猴子的变把戏的叫化子。

　　这十一年来，又蒙朋友送了我很多书，加上历年来自己新买的书，又把我现在住的地方堆满了，但是这都是些不相干的书，自己本行的书一本也没有。找资料还需要依靠"中研院"史语所的图书馆和别的图书馆如台湾大学图书馆、中央图书馆等救急。

找书有甘苦，真伪费推敲

　　我这个用书的旧书生，一生找书的快乐固然有，但是，找不到书的苦处也尝到过。民国九年（1920年）7月，我开始写《水浒传考证》的时候，参考的材料只有金圣叹的七十一回本《水浒传》、《征四寇》及《水浒后传》等，至于《水浒传》的一百回本、一百一十回本、一百一十五回本、一百廿回本、一百廿四回本，还都没有看到。等我的《水浒传考证》问世的时候，日本才发现《水浒》的一百一十五回本及一百回本、一百一十回本及一百廿回本。同时我自己也找到了一百一十五回本及一百廿四回本。做考据工作，没有书是很可怜的。考证《红楼梦》的时候，大家知道的材料很多，普通所看到的《红楼梦》都是一百廿回本。这种一百廿回本并非真的《红楼梦》。曹雪芹四十多岁死去时，只写到八十回，后来由程伟元、高鹗合作，一个出钱，一个出力，完成了后四十回。乾隆五十六年的活字版排出了一百廿回的初版本，书前有程、高二人的序文说："世人都想看到《红楼梦》的全本，前八十回中黛玉未死，宝玉未娶，大家极想知道这本书的结局如何？但却无人找到全的《红楼梦》。近因程、高二人在一卖糖摊子上发现有一大卷旧书，细看之下，竟是世人遍寻无着的《红楼梦》后四十回，因此特加校订，与前八十回一并刊出。"可是天下这样巧的事很少，所以我猜想序文中的说法不可靠。

考证《红楼梦》，清查曹雪芹

三十年前我考证《红楼梦》时，曾经提出两个问题，这是研究红学的人值得研究的：一、《红楼梦》的作者是谁？作者是怎样一个人？他的家世如何？家世传记有没有可考的资料？曹雪芹所写的那些繁华世界是有根据的吗？还是关着门自己胡诌乱说？二、《红楼梦》的版本问题，是八十回？还是一百廿回？后四十回是哪里来的？那时候有七、八种《红楼梦》的考证，俞平伯、顾颉刚都帮我找过材料。最初发现乾隆五十七年（1792年）有程伟元序的乙本，其中并有高鹗的序文及引言七条，以后发现早一年出版的甲本，证明后四十回是高鹗所续，而由程伟元出钱活字刊印。又从其他许多材料里知道曹雪芹家为江南的织造世职，专为皇室纺织绸缎，供给宫内帝后、妃嫔及太子、王孙等穿戴，或者供皇帝赏赐臣下，后来在清理故宫时，从康熙皇帝一秘密抽屉内发现若干文件，知道曹雪芹的祖父曹寅，等于皇帝派出的特务，负责察看民心年成，或是退休丞相的动态，由此可知曹家为阔绰大户。《红楼梦》中有一段说到王熙凤和李嬷嬷谈皇帝南巡，下榻贾家，可知是真的事实。以后我又经河南的一位张先生指点，找到杨钟羲的《雪桥诗话》及《八旗经文》，以及有关爱新觉罗宗室敦诚、敦敏的记载，知道曹雪芹名霑，号雪芹，是曹寅的孙子，接着又找到了《八旗人诗钞》、《熙朝雅颂集》，找到敦诚、敦敏兄弟赠送曹雪芹的诗，又找到敦诚的《四松堂集》，是一本清抄未删底本，其中有挽曹雪芹的诗，内有"四十年华付杳冥"句，下款年月日为甲申（即乾隆甲申廿九年，西历1764年）。从这里可以知道曹雪芹去世的年代，他的年龄为四十岁左右。

险失好材料，再评《石头记》

民国十六年我从欧美返国，住在上海，有人写信告诉我，要卖一本《脂砚斋评石头记》给我，那时我以为自己的资料已经很多，未加理会。不久以后和徐志摩在上海办新月书店，那人又将书送来给我看，原来是甲戌年手抄再评本，虽然只有十六回，但却包括了很多重要史料。里面有"壬午除夕，书未成，芹为泪尽而逝。甲午八月泪笔"的句子，指出曹雪芹逝于乾隆廿七年冬，即西历1763年2月12日。"字字看来皆是血，十年辛苦不寻常"诗句，充分描绘出曹雪芹写《红楼梦》时的情态。脂砚斋则可能是曹雪芹的太太或朋友。自从民国十七年二月我发表了《考证〈红楼梦〉的新材料》之后，大家才注意到《脂砚斋评本石头记》。不过，我后来又在民国廿二年从徐星署先生处借来一部庚辰秋定本脂砚斋四阅评过的《石头记》，是乾隆廿五年本，八十回，其中缺六十四、六十七两回。

谈《儒林外史》，推赞吴敬梓

现在再谈谈我对《儒林外史》的考证：《儒林外史》是部骂当时教育制度的书，批评政治制度中的科举制度。我起初发现的只有吴敬梓的《文木山房集》中的赋一卷（四篇），诗二卷（一三一首），词一卷（四七首），拿这当做材料。但是在一百年前，我国的大诗人金和，他在跋《儒林外史》时，说他收有《文木山房集》，有文五卷。可是一般人都说《文木山房集》没有刻本，我不相信，便托人在北京的书店找，找了几年都没有结果，到了民国七年才在带经堂书店找到。我用这本集子参考安徽《全椒县志》，写成一本一万八千字的《吴敬梓年谱》，中国小说传记资料，没有一个能比这更多的，民国十四年我把这本书排印问世。

如果拿曹雪芹和吴敬梓二人作一个比较，我觉得曹雪芹的思想很平凡，而吴敬梓的思想则是超过当时的时代，有着强烈的反抗意识。吴敬梓在《儒林外史》里，严刻的批评教育制度，而且有他的较科学化的观念。

有计划找书，考证神会僧

前面谈到的都是没有计划的找书，有计划的找书更是其乐无穷。所谓有计划的找书，便是用"大胆的假设，小心的求证"方法去找书，现在再拿我找神会和尚的事做例子，这是我有计划的找书：神会和尚是唐代禅宗七祖大师，我从《宋高僧传》的慧能和神会传里发现神会和尚的重要，当时便作了个大胆的假设，猜想有关神会和尚的资料只有在日本和敦煌两地可以发现。因为唐朝时，日本派人来中国留学的很多，一定带回去不少史料，经过"小心的求证"，后来果然在日本找到宗密的《圆觉大疏钞》和《禅源诸诠集》，另外又在巴黎的国家图书馆及伦敦的大英博物馆发现数卷神会和尚的资料。知道神会和尚是湖北襄阳人，到洛阳、长安传布大乘佛法，并指陈当时的两京法祖、三帝国师非禅宗嫡传，远在广东的六祖慧能才是真正禅宗一脉相传下来的。但是神会的这些指陈不为当时政府所取信，反而贬走神会。刚好那时发生安史之乱，唐玄宗远避四川，肃宗召郭子仪平乱，这时国家财政贫乏，军队饷银只好用度牒代替，如此必须要有一位高僧宣扬佛法令人乐于接受度牒。神会和尚就担任了这项推行度牒的任务。郭子仪收复两京（洛阳、长安），军饷的来源，不得不归功神会。安史之乱平了后，肃宗迎请神会入宫奉养，并且尊神会为禅宗七祖，所以神会是南宗的急先锋、北宗的毁灭者、新禅学的建立者、《坛经》的创作者，在中国佛教史上没有第二个人有这样伟大的功勋。我所研究的《神会和尚全集》可望在明年由"中央研究院"历史语言研究所出版。

最后，根据我个人几十年来找书的经验，发现我们过去的藏书的范围是偏狭的，过去收书的目标集于收藏古董，小说之类决不在藏书之列。但我们必须了解了解，真正收书的态度，是要无所不收的。

历史科学的方法①

今天本人能参加这次中国地质学会年会，甚感荣幸。同时看到内容丰富的会刊，更觉高兴。本人对地质是外行，没有什么可讲；但因我和地质界许多位老前辈们都有深交，所以对过去地质学会的工作情形，特别清楚。本人尤其赞佩地质学会在国际上的崇高地位，对贵会前途寄予无限的期望。

地质学、古生物学皆属于历史科学，本人特在此提出1880年赫胥黎（Thomas Henry Huxley）关于研究古生物的一篇有名的讲词《柴狄的方法》（*On the Method of Zadig*）的故事来谈谈。

赫氏所讲故事里的"柴狄"是法国一位大哲人伏尔泰（Voltaire）作的小说里的主人翁，在这书中柴狄是一位巴比伦的哲学家，他喜欢仔细观察事物。有一天他在森林中散步，恰巧王

----

① 本文为1958年4月26日胡适在中国地质学会年会上的演讲，原载1959年3月台北《中国地质学会会刊》第2期。

后的小狗走失了，仆人正在找寻，问柴狄曾否看到。柴狄当时说那只狗是一只小母狗，刚生了小狗，并且一只脚微跛。仆人以为那只狗一定被他偷藏了，就要逮捕他。这时又有一群人来找寻国王失了的马，柴狄又说出那马是一匹头等快跑的马，身高五尺，尾长三尺半，马蹄上戴着银套，嘴衔勒上有二十三"开"金子的饰品。于是他就以偷窃王家的狗和马的嫌疑被捕了。在法庭上柴狄为自己辩护，他指出，他根据沙上的痕迹就可以判断那狗是刚生小狗的母狗，左后足是跛的；又根据路旁树叶脱落的情形，可以判断马的高度，根据路的宽度和两旁树叶破碎的情形，可以判断马尾的长度；马嘴曾碰石头，那石头上的划痕，可以推知马衔勒是二十三开金制成，根据马的足迹，可以判断这是一匹头等快跑的马。随后狗和马都在别处找到了，柴狄无罪被释。赫胥黎说，古生物学的方法其实就是"柴狄的方法"。

历史学家、考古学家、古生物学家、地质学家以及天文学家所用的研究方法，就是这种观察推断的方法，地质学和古生物学都是"历史的科学"，同样根据一些事实来推断造成这些事实的原因。

历史的科学和实验的科学方法有什么分别呢？实验的科学可以由种种事实归纳出一个通则。历史的科学如地质学等也可以说是同样用这种方法。但是实验科学归纳得通则之后，还可以用演绎法，依照那通则来做实验，看看某些原因具备之后是否一定发生某种预期的结果。实验就是用人工造出某种原因来试验是否可以发生某种结果。这是实验科学和历史科学最不同的一个要点。

地质学和其他历史的科学，虽然也都依据因果律，从某些结果推知当时产生这些结果的原因，但历史科学的证据大部分是只能搜求，只能发现，而无法再造出来反复实验的（天文学的历史部分可以上推千万年的日月蚀，也可以下推千万年的日月蚀，也还可以推知某一个彗星大约在某年可以重出现。但那些可以推算出来的天文现象也不是用人工制造出来的。但我曾看见一位欧洲考古学家用两块石头相劈，削成"原始石器"的形状）。

正因为历史科学上的证据绝大部分是不能再造出来做实验的，所以我们做这几门学问的人，全靠用最勤劳的功夫去搜求材料，用最精细的功夫去研究材料，用最谨严的方法去批评审查材料。

这种功夫，这种方法，赫胥黎在八十年前曾指出，还不过是"柴狄的方法"。柴狄的方法，其实就是我们人类用常识来判断推测的方法。赫胥黎说："游牧的民族走到了一个地方，看见了折断了的树枝，踏碎了的树叶，搅乱了的石子，不分明的脚印，从这些痕迹上，他们不但可以推断有一队人曾打这里经过，还可以估计那一队的人数有多少，有多少马匹，从什么方向来，从什么方向去，过去了几天了。"

历史科学的方法不过是人类常识的方法，加上更严格的训练，加上更谨严的纪律而已。

大学的生活①

校长，主席，各位同学：

　　我刚才听见主席说今天大家都非常愉快和兴奋，我想大家一定会提出抗议的，在这大热的天气，要大家挤在一起受罪，我的内心感到实在不安，我首先要向各位致百分之百的道歉。回来后一直没有做公开演讲，有许多团体来邀请，我都谢绝了，因为每次演讲，房子总是不够用。以前在三军球场有过一次演说，我也总以为房子是没问题了，但房子仍是不够。今天要请各位原谅，实在不是我的罪过，台大代联会邀请了几次，我只好勉强地答应下来。

---

① 本文为1958年6月5日胡适在台湾大学法学院的演讲，原演讲题为《大学的生活——学生选择科系的标准》，原载1958年6月19日台北《大学新闻》。

前两天我就想究竟要讲些什么？我问了钱校长和几位好朋友，他们都很客气，不给我出题，就是主席也不给我出题。今天既是台大代联会邀请，那么，我想谈谈大学生的生活，把我个人的或者几位朋友的经验，贡献给大家，也许可作各位同学的鉴镜，给各位一点暗示的作用。

记得在民国三十八年应傅斯年校长之请，在中山堂作一次公开演讲。我也总以为房子够用了，谁知又把玻璃窗弄破了不少。从民国三十八年到今天已有八九年的工夫了，这九年来，看到台大的进步和发展，不仅在学生人数方面已增加到七千多，设备、人才和科学方面也进步很多，尤其是医、农两学院的进步，更得国外来参观过的教育家很大的赞赏。这是我要向校长、各位同学道贺的。

不过，我又听见许多朋友讲，目前很多学生选择科系时，从师长的眼光看，都不免带有短见，倾向于功利主义方面。天才比较高的都跑到医工科去，而且只走入实用方面，而又不选择基本学科，譬如学医的，内科、外科、产科、妇科，有很多人选，而基本学科譬如生物化学、病理学，很少有青年人去选读，这使我感到今日的青年不免短视，戴着近视眼镜去看自己的前途与将来。我今天头一项要讲的，就是根据我们老一辈的选科系的经验，贡献给各位。我讲一段故事。

记得四十八年前，我考取了官费出洋，我的哥哥特地从东三省赶到上海为我送行，临行时对我说，我们的家早已破坏中落了，你出国要学些有用之学，帮助复兴家业，重振门楣，他要我学开矿或造铁路，因为这是比较容易找到工作的，千万不要学些没用的文学、哲学之类没饭吃的东西。我说好的，船就要开了。那时和我一起去美国的留学生共有七十人，分别进入各大学。在船上我就想，开矿没兴趣，造铁路也不感兴趣，于是只好采取调和折中的办法，要学有用之学，当时康奈尔大学有全美国最好的农学院，于是就决定去学科学的农学，也许对国家社会有点贡献吧！那时进康大的原因有二：一是康大有当时最好的农学院，且不收学费，而每个月又可获得八十元的津贴；我刚才说过，我家破了产，母亲待养，那时我还没结婚，一切从俭，所以可将部分的钱拿回养家。另一是我国有百分之八十的人是农民，将来学会了科学的农业，也许可以有益于国家。

入校后头一星期就突然接到农场实习部的信，叫我去报到。那时教授便问我："你有什么农场经验？"我答："没有。""难道一点都没有吗？""要有嘛，我的外公和外婆，都是地道的农夫。"教授说："这与你不相干。"我又说："就是因为没有，才要来学呀！"后来他又问："你洗过马没有？"我说："没有。"我就告诉他中国人种田是不用马的。于是老师就先教我洗马，他洗一面，我洗另一面。他又问我会套车吗，我说也不会。于是他又教我套车，老师套一边，我套一边，套好跳上去，兜一圈子。接着就到农场做选种的实习工作，手起了泡，但仍继续地忍耐下去。农复会的沈宗瀚先生写一本《克难苦学记》，要我给他作一篇序，我也就替他作一篇很长的序。我们那时学农的人很多，但只有沈宗瀚先生赤过脚下过田，是唯一确实有农场经验的人。学了一年，成绩还不错，功课都在八十五分以上。第二年我就可以多选两个学分，于是我选种果学，即种苹果学。分上午讲课与下午实习。上课倒没有什么，还甚感兴趣；下午实验，走入实习室，桌上有各色各样的苹果三十个，颜色有红的、有黄的、有青的……形状有圆的、有长的、有椭圆的、有四方的……。要照着一本手册上的标准，去定每一苹果的学名，蒂有多长？花是什么颜色？肉是甜是酸？是软是硬？弄了两个小时。弄了半个小时一个都弄不了，满头大汗，真是冬天出大汗。抬头一看，呀！不对头，那些美国同学都做完跑光了，把苹果拿回去吃了。他们不需剖开，因为他们比较熟习，查查册子后面的普通名词就可以定学名，在他们是很简单。我只弄了一半，一半又是错的。回去就自己问自己学这个有什么用？要是靠当时的活力与记性，用上一个晚上来强记，四百多个名字都可以记下来应付考试。但试想有什么用呢？那些苹果在我国烟台也没有，青岛也没有，安徽也没有……。我认为科学的农学无用了，于是决定改行，那时正是民国元年，国内正是革命的时候，也许学别的东西更有好处。

那么，转系要以什么为标准呢？依自己的兴趣呢？还是看社会的需要？我年轻时候《留学日记》有一首诗，现在我也背不出来了。我选课用什么做标准？听哥哥的话？看国家的需要？还是凭自己？只有两个标准：一个是"我"；一个是"社会"。看看社会需要什么？国家需要什么？中国现代需要什么？但这个标准——社会上三百六十行，行行都需要，现在可以说三千六百行，从诺贝尔得奖人到修理马桶的，社会都需要，所以社会的标准并不重要。因此，在定主意的时候，便要依着自我的兴趣了——即性之所近，力之所能。我的兴趣在什么地方？与我性质相近的是什么？问我能做什么？对什么感兴趣？我便照着这个标准转到文学院了。但又有一个困难，文科要缴费，而从康大中途退出，要赔出以前二年的学费，我也顾不得这些。经过四位朋友的帮忙，由八十元减到三十五元，终于达成愿望。在文学院以哲学为主，英国文学、经济、政治学之门为副。后又以哲学为主，经济理论、英国文学为副科。到哥伦比亚大学后，仍以哲学为主，以政治理论、英国文学为副。我现在六十八岁了，人家问我学什么？我自己也不知道学些什么？我对文学也感兴趣，白话文方面也曾经有过一点小贡献。在北大，我曾做过哲学系主任、外国文学系主任、英国文学系主任，中国文学系也做过四年的系主任，在北大文学院六个学系中，五系全做过主任。现在我自己也不知道学些什么，我刚才讲过现在的青年太倾向于现实了，不凭性之所近，力之所能去选课。譬如一位有作诗天才的人，不进中文系学作诗，而偏要去医学院学外科，那么文学院便失去了一个一流的诗人，而国内却添了一个三四流甚至五流的饭桶外科医生，这是国家的损失，也是你们自己的损失。

　　在一个头等、第一流的大学，当初日本筹划帝大的时候，真的计划远大，规模宏伟，单就医学院就比当初日本总督府还要大。科学的书籍都是从第一号编起，基础良好。我们接收已有十余年了，总算没有辜负当初的计划。今日台大可说是完善的大学，各位不要有成见，戴着近视眼镜来看自己的前途，看自己的将来。听说入学考试时有七十二个志愿可填，这样七十二变，变到最后不知变成了什么，当初所填的志愿，不要当作最后的决定，只当作暂时的方向。要在大学一、二年级的时候，东摸摸、西摸摸的瞎摸。不要有短见，十八九岁的青年仍没有能力决定自己的前途、职业。进大学后第一年到处去摸、去看，探险去，不知道的我偏要去学。如在中学时候的数学不好，现在我偏要去学，中学时不感兴趣，也许是老师不好，现在去听听最好的教授的讲课，也许会提起你的兴趣。好的先生会指导你走上一个好的方向，第一、二年甚至于第三年还来得及，只要依着自己"性之所近，力之所能"的做去，这是清代大儒章学诚的话。

　　现在我再说一个故事，不是我自己的，而是近代科学的开山大师——伽利略（Galileo），他是意大利人，父亲是一个有名的数学家，他的父亲叫他不要学他这一行，学这一行是没饭吃的，要他学医。他奉命而去。当时意大利正是文艺复兴的时候，他到大学以后曾被教授和同学捧誉为"天才的画家"，他也很得意。父亲要他学医，他却发现了美术的天才。他读书的佛劳伦斯地方是一工业区，当地的工业界首领希望在这大学多造就些科学的人才，鼓励学生研究几何，于是在这大学里特为官儿们开设了几何学一科，聘请一位叫Ricci氏当教授。有一天，他打从那个地方过，偶然地定脚在听讲，有的官儿们在打瞌睡，而这位年轻的伽利略却非常感兴趣。于是不断地一直继续下去，趣味横生，便改学数学，由于浓厚的兴趣与天才，就决心去东摸摸、西摸摸，摸出一条兴趣之路，创造了新的天文学、新的物理学，终于成为一位近代科学的开山大师。

大学生选择学科就是选择职业。我现在六十八岁了，我也不知道所学的是什么？希望各位不要学我这样老不成器的人。勿以七十二志愿中所填的一愿就定了终身，还没有的，就是大学二、三年也还没定。各位在此完备的大学里，目前更有这么多好的教授人才来指导，趁此机会加以利用。社会上需要什么，不要管它，家里的爸爸、妈妈、哥哥、朋友等，要你做律师、做医生，你也不要管他们，不要听他们的话，只要跟着自己的兴趣走。想起当初我哥哥要我学开矿、造铁路，我也没听他的话，自己变来变去变成一个老不成器的人。后来我哥哥也没说什么。只管我自己，别人不要管他。依着"性之所近，力之所能"学下去，其未来对国家的贡献也许比现在盲目所选的或被动选择的学科会大得多，将来前途也是无可限量的。

下课了！下课了！谢谢各位。

谈谈大学①

今天承各位青年朋友如此热烈欢迎，深感荣幸。本人于四年前曾来台中，当时所听到有关于东大者，仅仅是一个董事会，甚至连校名也未曾确定；四年后的今天，东大不仅是开学了，而且有这么好的建筑，这么幽静的环境，最高班也已至三年级了。这种迅速的进度，实在令人敬佩，我愿意借今天的机会向各位道喜！

我在美国时，曾看过贝聿铭先生的建筑设计，今天在此地又看到东大的校舍，诸位能在这么一个美丽的建筑、安静的环境中，安居乐业，专心研究，实在是够幸运了！昨天我在北沟看到许多名贵的古籍和历代的艺术作品，就联想到贵校的地

---

① 本文为1958年5月7日胡适在台中东海大学的演讲，原载1958年5月8日台北《中央日报》等。

理优势，假如诸位每周都能有机会看看故宫文物和中央图书馆的藏书，真是太理想了，因为这两个宝库中所收藏的，全是我国的精华，不仅是国宝，即在全世界，也占着最崇高的价值。

我现在已决定回美后，于本年秋间，和内子带一些破烂的书籍一同回来，那时希望有更多的时间，一方面研究，一方面可以多来东大看看，多作几次有关学术的讲演。

东大是一所私立的大学，到底私人设立的大学，对于一个国家的历史和地位又有什么关系，什么影响呢？今天我们的国家可以说是最困难的时候，我们过去在学术上的一点成就和基础，现在可说是全毁了。记得二十余年前，中日战争没有发生时，从北平到广东，从上海到成都，差不多有一百多所的公私立大学，当时每一个大学的师生都在埋头研究，假如没有日本的侵略，敢说我国在今日世界的学术境域中，一定占着一席重要的地位，可惜过去的一点基础现在全毁了。所以诸位今天又得在这一个自由的宝岛上，有如平地起楼台，这是何等艰巨的一份工作啊！

说到这里，我们应该想想今天我们的国家在世界上，又占着一个怎样的地位！这当然有很多的原因，但其中一点我们不能否认，也必须了解的，就是有关于公私立大学校的延续问题，我国可考的历史固然已有四千年，但一直到今天还没有一个有过六十年以上历史的大学。我国第一个大学，是在汉武帝时，由公孙弘为相，发起组织，招收学生所设立的太学。这所太学，就是今日"国立"大学的起源，不过在设立之初只有五个教授，五十个学生，也就是所谓五经博士。至纪元后一百多年，王莽篡汉时，这个太学不仅建筑扩大了，而且学生人数，也达到一万人，光武中兴时的许多政坛人物，多是出身自这所太学。到第二世纪，这所太学的学生已发展到三万多人，比当今之哈佛、哥伦比亚等，毫无逊色。最可惜的，是当时政治腐败达于极点，因此许多的太学生，就开始批评政治，进而干预，结果演成党锢之祸，使太学蒙受影响。其后各代虽也有太学，但没有多大作用，到最后太学生可以用钱捐买，因此就不成为太学了。此外汉代也有私人讲学，其学生多少不等，有的三、五百，有的二、三千，这可以说是私立大学的起源，如郑玄所创者，即是一个很好的例子。

自纪元二百年郑玄逝世，至一千二百年朱熹逝世，在这一千年中，中国的学术多靠私人讲学传授阐扬，不过因政治问题，常受到压迫，虽然环境如此，但私人讲学并没有因此而中辍，而且仍旧成为传播学术的重要基础，如历代的书院，与学派的盛行，都是实例。

中国的高等教育虽然发达得很早，但是不能延续，没有一个历史悠久的学校，比起欧美来，就显然落后了。即使新兴的国家如菲律宾，也有三百多年历史的圣多玛大学。美国的历史只有一百六十余年，而美国的大学如哈佛、哥伦比亚等，都有二、三百年的历史。至于欧洲，尤其古老，如意大利就有一千年和九百多年历史的大学，英国的牛津和剑桥历史也达到八九百年，若几百年历史的大学，在德、法等国也为数不少。

为什么历史不及我们的国家，会有那么长远历史的大学，而我国反而没有呢？因为人家的大学有独立的财团，独立的学风，有坚强的组织，有优良的图书保管，再加上教授可以独立自由继续的研究，和坚强的校友会组织，所以就能历代相传，悠久勿替；而我们的国家多少年来都没有一个学校能长期继续，实在是很吃亏的。

这几十年来，教会在中国设立了很多优良的大学和中学，它们对于近代的学术实在有很多的贡献和影响，可惜现在又都没有了，因此这些光荣的传统，就不得不再落于诸位的身上。中国的私立学校是否在将来世界的学术上占一席地，其在世界的高等教育中又若何，可以说都是诸位的责任。我以为私立学校有其优点，它比较自由，更少限制。所以我希望东海能有一个好榜样，把握着自由独立的传统，以为其他各校的模范，因为只有在自由独立的原则下，才能有高价值的创造，这也就是我今天所希望于诸位的。

中学生的修养与择业①

　　刚才吴县长报告了五十八年前我在此地的一段历史——我在三岁至四岁间，随先人在台东州住过一年多，在台南住过十个月——要我把台东看作第二故乡；昨天台南市市长也向台南市市民介绍我是台南人；这番盛意，我非常感谢！吴县长预备在这里要做纪念我先人的举动，实在不敢当。明天举行县议员选举，我将以不是候选人也不是选举人，冒充同乡，到各投票所去参观。

　　今天我看到了吴县长老太太，看到了她，我非常感动，她可算台东年龄最高的了，她与先母年龄相当，先母如在世，已经有七十九岁了。

　　我在这里不久，与县长、教育科长、校长等几位谈话，

① 本文为1952年12月27日胡适在台东县公共体育场的演讲。

知道了台东的教育是在异常困难的情况下来推进的，我非常敬佩他们艰苦不移、紧守岗位的坚毅意志。本来教育厅陈雪屏厅长预备与我们同来的，因台北有事，临时由台南赶回去了。不过教育厅还有一位视察杨日旭先生是同来的，我已经特地要他到各校去视察，并将视察结果报告教育厅，以使省府对台东的教育情形有所了解。

今天我应该讲些什么？事先曾请教吴县长，师范刘校长和同来的几位朋友，他们以今天到场的大多数是青年朋友们，也有青年朋友们的父兄，因此要我讲讲中等教育的东西。同时，我到过的地方，许多朋友常常问我中学生应注重什么？中学毕业后，升学的应该怎样选科？到社会里去的应该怎样择业？我是不懂教育的，不过年纪大些，并且自己也是经过中学大学过来的，同时看到朋友们与我们自己的子弟经过中学，得到一点认识，愿意将自己的认识提出来供大家的参考，今天讲的题目，就是："中学生的修养与中学生的择业"。

中学生的修养应注意两点：

一、工具的求得。中学生大概是从十二岁的幼年到十八岁的青年，这个时期是决定他将来最重要的一个时期。求知识与做人、做事的工具，要在这个时期求得。古人说："工欲善其事，必先利其器"，中学生要将来有成就，便应该注意到"求工具"——学业上，事业上，求知识上所需要的工具。求工具的目标有二：一是中学毕业后无力升学要到社会里去就业；一是继续升学。

　　第一种工具是语言文字。不论就业或升学，以我个人的经验和观察所得，语言文字是最需要的工具。在中学里不仅应该学好本国的语言文字，最好能多学一二种外国的语言文字。它是就业升学的钥匙，能为我们打开知识的门。多学得一种语言，等于辟开一个新的花园、新的世界。语言文字，可以说是中学时期应该求得的工具当中非常重要的了。在中学时期如果没有打好语言文字的基础，以后作学问非常的困难。而且过了这个时期，很少能够把语言文字弄好的。

　　第二种工具是科学的基本知识。许多人都说学了数学，将来没有什么用处，这是错误的。数学是自然科学重要的钥匙，如果不能把这个重要的钥匙——数学，与物理学、化学、生物学、矿物学、植物学等，在中学时期学好，则不能求得新的知识。所以中学时期最重要的，是把这些基本知识弄好。

　　青年们在学校里对于各种基本科学，不能当它是功课，是学校课程里面需要的功课，应该把它当成求知识、做学问、做人的工具，必不可少的工具。拿工具这个观念来看课程，课程便活了。拿工具这个观念来批评课程，可以得到一个标准。首先看看哪些功课够得上作工具，并分出哪些功课是求知识做学问的工具，哪些功课是做人的工具。哪些功课是重要，哪些功课是次要。同时拿工具这个观念来督促自己，来分别轻重缓急，先生的教法，也可以拿工具这个观念来衡量，哪种教法是死的笨的，请先生改良，哪些应该特别注重，请先生注意。我这个话，不是叫学生对先生造反，而是请先生以工具来教，不要死板的照课本讲，这样推动先生，可以使得先生从没有精神提起精神，不是造反而是教学相长，不把功课当作功课看，把它当作必须的工具看。拿工具的观念看功课，功课便是活的，这一点也可以说是中学生治学的方法。

二、良好习惯的养成。良好习惯的养成，即普通所谓的人品教育，品性人格的陶冶。教育学家心理学家都告诉我们说：人品性格是习惯的养成，好的品格是好的习惯养成。中学生是定型的阶段，中学生时期与其注重治学的方法，毋宁提倡良好的习惯的养成。一个人的坏习惯在中学还可纠正，假使在中学里不能养成良好的习惯，这个人的前途便算完了，在大学里不会是个好学生，在社会里不会是个有用的人才。我愿在这里提醒青年学生们的注意，也请学生的父兄教师们注意。

我们的国家以前专注重文字教育，读书人的指甲蓄得很长，手脸都是白白的，行动是文绉绉的，读书可以从"学而时习之"背诵起，写文章摇摇摆摆地会写出许多好听的词句来，可是他们是无用的，不能动手，也不能动脚，连桌凳有一点坏了，也不能拿起斧头、钉子来修理。这种只能背书写文章的读书人就是没有养成良好的习惯——动手动脚的习惯。

我在台湾大学讲"治学方法"时，讲到一个故事：宋时有一新进士请教老前辈做官的秘诀，老前辈告诉他四个字："勤谨和缓"。这四个字大家称为做官的秘诀，我把它看作做人、做事、做学问的秘诀。简单的分别说：

勤，就是不偷懒，不走捷径，要切切实实、辛辛苦苦的去做。要用眼睛的用眼睛，用手的用手，用脚的用脚，先生叫你找材料，你就到应该到的地方去找。叫你找标本，你就到田野，到树林里去找，无论在实验室里，在自然界里，都不要偷懒，一点一滴的去做。

谨，就是谨慎，不粗心，不苟且，以江浙的俗话来说，不拆烂污。写汉字，一点、一横也不放过。写外国字，"i"的一点、"t"的一横，也一样不放过。做数学，一个圈、一个小数点都不可苟且。不要以为这是小事情，做小事关系天下的大事，做学问关系成败，所以细心谨慎，是必须要养成的习惯。

和，就是不要发脾气，不要武断，要虚心，要和和平平。什么叫做虚心？脑筋不存成见，不以成见来观察事，不以成见来对待人。就做学问来说，要以心平气和的态度来做化学、数学、历史、地理，并以心平气和的态度来学语文。无论对事、对人、对物、对问题、对真理，完全是虚心的，这叫做和。

缓，这个字很重要，"缓"的意思是不要忙，不轻易下一个结论。如果没有缓的习惯，前面三个字都不容易做到。譬如找证据，这是很难的工作，如果限定几点钟缴卷，就不能做到"勤"的工夫；忙于完成，证据不够，不管它了，这样就不能做到"谨"的工夫；匆匆忙忙地去做，当然不能做到"和"的工夫。所以证据不够，应当悬而不断，就是姑且先挂在那里，悬而不断，并不是叫你搁下就不管，是要你勤，要你谨，要你和。缓，就是南方人说的"凉凉去吧"，缓的意思，是要等着找到了充分的证据，然后根据事实来下判断。无论做学问、做事、做官、做议员，都是一样的。大家知道治花柳病的名药"六〇六"吧？什么叫"六〇六"呢？经过六百零六次的试验才成功的。"九一四"则试验了九百一十四次。达尔文的生物进化论，认为动植物的生存进化与环境有绝大的关系，也费了三十年的工夫，到四海去搜集标本和研究，并与朋友们往复讨论。朋友们都劝他发表，他仍然不肯。后来英国皇家学会收到另一位科学家华莱士的论文，其结论与达尔文的一样，朋友们才逼着达尔文把研究的结论公布，并提出与朋友们讨论的信件，来证明他早已获得结论，于是皇家学会才决定同华莱士的论文同时发表。达尔文这种持重的态度，不是缺点，是美德，这也是科学史上勤、谨、和、缓的实例。值得我们去想想，作为榜样，尤其青年学生们要在中学里便养成这种好习惯。有了这种好习惯，无论是做人、做事、做学问，将来不怕没有成就。

中学生高中毕业后，面临的问题是继续升学或到社会去找职业。升学应如何选科？到社会去如何择业？简单地说，有两个标准：

一、社会的标准。社会上所需要的，最易发财的，最时髦的是什么？这便是社会的标准。台湾大学钱校长告诉我说，今年台大招生，投考学生中，外文成绩好的都投考工学院，尤其是考电机工程、机械工程的特多，考文史的则很少，因为目前社会需要工程师，学成后容易得到职业而且待遇好。这种情形，在外国也是一样的，外国最吃香的学科是原子能、物理学和航空工程，干这一行的，最受欢迎，最受优待。

二、个人的标准。所谓个人的标准，就是个人的兴趣、性情、天才近哪门学科，适于哪一行业。简单地说，能干什么。社会上需要工程师，学工程的固不忧失业，但个人的性情志趣是否与工程相合？父母、兄长、爱人都希望你学工程，而你的性情志趣，甚至天才，却近于诗词、小说、戏剧、文学，你如迁就父母、兄长、爱人之所好而去学工程，结果工程界里多了一个饭桶，国家社会失去了一个第一流的诗人、小说家、文学家、戏剧学家，不是可惜了吗？所以个人的标准比社会的标准重要。因为社会标准所需要的太多，中国人常说社会职业有三百六十行，这是以前的说法，现在何止三百六十行，也许三千六百行、三万六千行都有，三千六百行，三万六千行，行行都需要。社会上需要建筑工程师，需要水利工程师，需要电力工程师，也需要大诗人、大美术家、大法学家、大政治家，同时也需要做新式马桶的工人。能做新式马桶的，照样可以发财。社会上三万六千行，既是行行都需要，一个人决不可能会做每行的事，顶多会二三行，普通都只能会一行的。在这种情形之下，试问是社会的标准重要？还是个人的标准重要？当然是个人的重要！因此选科择业不要太注重社会上的需要，更不要迁就父母、兄长、爱人的所好。爸爸要你学赚钱的职业，妈妈要你学时髦的职业，爱人要你学社会上有地位的职业，你都不要管他，只问你自己和性情近乎什么？自己的天才力量能做什么？配做什么？要根据这些来决定。

历史上在这一方面，有很好的例子，意大利的伽利略是科学的老祖宗，是新的天文学家，新的物理学家的老祖宗。他的父亲是一个数学家，当时学数学的人很倒霉。在伽利略进大学的时候（三百多年前），他父亲因不喜欢数学，所以要他学医，可是他读医科，毫无兴趣，朋友们以他的绘画还不坏，认为他有美术天才，劝他改学美术，他自己也颇以为然。有一天他偶然走过雷积教授替公爵府里面做事的人补习几何学的课室，便去偷听，竟大感兴趣，于是医学不学了，画也不学了，改学他父亲不喜欢的数学。后来替全世界创立了新的天文学、新的物理学，这两门学问都建筑于数学之上。

最后说我个人到外国读书的经过，民国前二年，考取官费留美，家兄特从东三省赶到上海为我送行，以家道中落，要我学铁路工程，或矿冶工程。他认为学了这些回来，可以复兴家业，并替国家振兴实业。不要我学文学、哲学，也不要学做官的政治法律，说这是没有用的。当时我同许多人谈过这个问题。以路矿都不感兴趣，为免辜负兄长的期望，决定选读农科，想做科学的农业家，以农报国。同时美国大学农科，是不收费的，可以节省官费的一部分，寄回补助家用。进农学院以后第三个星期，接到实验系主任的通知，要我到该系报到实习。报到以后，他问我："你有什么农场经验？"我说："我不是种田的。"他又问我："你做什么呢？"我说：

"我没有做什么，我要虚心来学，请先生教我。"先生答应说："好。"接着问我洗过马没有，要我洗马。我说："我们中国种田，是用牛不是用马。"先生说："不行。"于是学洗马，先生洗一半，我洗一半。随即学驾车，也是先生套一半，我套一半。做这些实习，还觉得有兴趣。下一个星期的实习，为包谷选种，一共有百多种，实习结果，两手起了泡，我仍能忍耐，继续下去，一个学期结束了，各种功课的成绩，都在八十五分以上。到了第二年，成绩仍旧维持到这个水准。依照学院的规定，各科成绩在八十五分以上的，可以多选两个学分的课程，于是增选了种果学。起初是剪树、接种、浇水、捉虫，这些工作，也还觉得有兴趣。在上种果学的第二星期，有两小时的实习苹果分类，一张长桌，每个位子分置了四十个不同种类的苹果，一把小刀，一本苹果分类册，学生们须根据每个苹果的长短、开花孔的深浅、颜色、形状、果味和脆软等标准，查对苹果分类册，分别其类别（那时美国苹果有四百多类，现恐有六百多类了），普通名称和学名。美国同学都是农家子弟，对于苹果的普通名称一看便知，只需在苹果分类册里查对学名，便可填表缴卷，费时甚短。我和一位郭姓同学则需一个一个的经过所有检别的手续，花了两小时半，只分类了二十个苹果，而且大部分是错的。晚上我对这种实习起了一种念头：我花了两小时半的时间，究竟是在干什么？中国连苹果种子都没有，我学它什么用处？自己的性情不相近，干吗学这个？这两个半钟头的苹果实习使我改行，于是，决定离开农

科。放弃一年半的时间（这时我已上了一年半的课）牺牲了两
年的学费，不但节省官费补助家用已不可能，维持学业很困
难。以后我改学文科，学哲学、政治、经济、文学，在没有回
国时，以前与朋友们讨论文学问题，引起了中国的文学革命运
动，提倡白话，拿白话作文，作教育工具，这与农场经验没有
关系，苹果学没有关系，是我那时的兴趣所在。我的玩意儿对
国家贡献最大的便是文学的"玩意儿"，我所没有学过的东
西。最近研究《水经注》（地理学的东西）。我已经六十二岁
了，还不知道我究竟学什么？都是东摸摸，西摸摸，也许我以
后还要学学水利工程亦未可知，虽则我现在头发都白了，还是
无所专长，一无所成。可是我一生很快乐，因为我没有依社会
需要的标准去学时髦。我服从了自己的个性，根据个人的兴趣
所在去做，到现在虽然一无所成，但是我生活得很快乐，希望
青年朋友们，接受我经验得来的这个教训，不要问爸爸要你学
什么，妈妈要你学什么，爱人要你学什么。要问自己性情所
近，能力所能做的去学。这个标准很重要，社会需要的标准是
次要的。

大学教育与科学研究[①]

方才进礼堂来，看大家都是有颜色的，我却是没颜色的。我在政治上没有颜色，在科学上也没有颜色。（鼓掌）我也可算是一个科学者，因为历史也算一种科学。凡是用一种严格的求真理的站在证据之上来立说、来发现真理，凡拿证据发现事实，评判事实，这都是一种科学的。希望明年双十节，史学会也能参加这会，条子也许会是白颜色的。

我今天讲一个故事，希望给负责教育行政或负责各学会大学研究部门的先生们一点意见。我讲的题是"大学教育与科学研究"，不用说，科学研究是以大学为中心。在古代却以个人为出发点，以个人好奇心理，来造些粗糙器皿。还有，为什

---

① 本文为1947年10月10日胡适在平津六科学团体联合年会上的演讲，原载1947年10月11日北平《世界日报》。

么科学发达起于欧洲呢？这一点很值得注意。对这虽有不少解释，可是我认为种种原因都不重要，最重要的是自中古以来留下好几十个大学。这些大学没有间断，如意大利伯罗尼亚大学，法国巴黎大学，英国牛津大学，剑桥大学等，这些都是远有一千年、九百年或七八百年历史的，因此造成科学的革命。这些大学不断的继长增高，设备一天天增加，学风一天天养成，这样才有了科学研究。研究人员终身研究，可是研究人才是从大学出来的，他们所表现的精神是以真理求真理。这一个故事是讲美国在最近几十年当中造成了几个好大学。美国以前没有University只有College，美国有名符其实的大学是在南北美战争以后。为什么在七十年当中，美国一个人创立了一个大学，从这一个人创立了大学，提倡了新的大学的见解、观念、组织，把美国高等教育革命，因而才有今天使美国成为学术研究中心呢？美国去年出版了两个纪念专集，一个是《威尔基专集》，一个是《基尔曼专集》。基尔曼（D.C.Gilman）创立了约翰斯·哈布金大学（Johns Hopkings University），后来许多大学都跟他走，结果造成了今日美国学术领导的地位。大家听了这个故事，也许会从中得到一个Stimulation（激励）。

　　"话说"九十四年前，有两个在耶尔学院的毕业生，一个是二十一岁的怀特，一个是二十五岁的基尔曼，那时美国驻苏公使令此二人做随员，一个做了三年多，一个做了两年多。怀特于三十五岁时做了康奈尔大学校长，基尔曼四十一岁做了堪尼佛纳亚大学校长，基氏未做长久，两年后就辞职了。

当时在美国东部鲍尔梯玛城有一大富翁即哈布金，他在幼小时家穷，随母读书后去城内做买卖，因赚钱而开一公司，未几十年就当了财主。他在七十岁时立一遗嘱，要将所有遗产三百五十万美金分给一医学院和一大学作基金，1873年，他七十九岁时逝世，他的遗嘱生了效，翌年，即开始创办大学，当时董事会请哈佛大学校长艾利阿特（C.W.Eliot）、康奈尔大学校长怀特和密士根大学校长安其尔来研究。那时以如此巨款办大学，真是空前的一件事，那时该校董事长的意思是要办一"大学"，可是请来的这三位校长却劝他们要顾及环境，说什么南方不如北方文化高啦，办大学不是从空气里能生长的等语。后来，董事会请他们三人推选校长，三人却不约而同的选出基尔曼来当校长。基尔曼做了校长，他发表了他的见解说，应全力提倡高等学术，致力于提倡研究考据，把本科四年功课让给别的学校教，我们来办研究院，我们要选科学界最高人才，给他们最高待遇，然后严格选取好学生，使他们发展到学术最高地步，每年并督促研究生报告研究成绩，并给予出版发表机会。因为那时的高才的教授们，都在教学院的学识浅近的学生，或受书店委托编浅近的教科书，如果给他们安定的生活，最高的待遇，便可以专心从事更高深的研究。这时基尔曼四十四岁做该大学校长，并且，他决定了以下的政策：研究院外，办理附属本科，最初附属本科只二十三个学生，研究院五十多个，大约二与一之比，可是二十多年以后，研究院的学生到了四百多，附属本科仅一百多，却是四与一之比了。并且，第一步他聘请教授，第一位请的是希腊文教授费尔斯，四十五岁；第二位是物理学教授劳林，才二十八岁；第三位是数学教授塞尔威斯特，六十二岁；第四位是化学教授依洛宛斯；第五位是生物学教授纽尔马丁；第六位也是希腊拉丁文教授查尔马特斯。第二步他选了廿二个研究员，其中至少有十个以上成了大名，他的教授法，第一、二年是背书，后二年讲演，自然科学也是讲演，第三步是创办科学刊物，这可算是美国发表科学刊物之始创。1876年，出版算学杂志，1880年创刊语言学杂志，以及历史政治学杂志、逻辑学杂志、医学杂志等八大杂志，而开始了研究风气。

以上这三件事使美国风云变色。在这里我再谈谈办医学研究的重要：这个大学开幕已十年，医学院尚未开办，但因投资铁路失败，鲍尔梯玛城之女人出来集款，愿担负五十万美金的开办费，但有一条件是医学院开放招收女生。

当这大学的方针发表后，全美青年震动，有一廿一岁之青年威尔其（Welch），刚毕业于纽约医科学校。那时无一校有实验室，他因欲入大学，1876年赴欧洲作三学期之研究，1878年回美国，可是找不到实验室。最后终找一小屋，这是第一个美国"病理学研究室"，以廿五元开办。他作了五六年研究后，有一老人来找他，请他作哈布金医学院病理学教授，后并升任院长，创专任基本医学教授之制，而成立了医学研究所。

最后，基尔曼于1902年辞掉他已做了廿五年的校长，在那个典礼上，基尔曼讲演，他说："约翰斯·哈布金给我们钱办大学，可是没有告诉我们大学的一个定义。我们要把创见的研究，作为大学的基础。"这时，后来任美国总统，也是那个大学的第一班学生威尔逊站起来说："你是美国第一个大学的创始者，你发现真理，提倡研究，不但是在我们学校有成绩，给世界大学也有影响。你创始了这师生合作的精神，你是伟大的。"同时，以前曾被邀参加创办大学意见的哈佛大学校长艾利阿特发表谈话，他说："你创立了研究院的大学，并且坚决的提高了全国各大学的学术研究，甚至连我们的哈佛研究院也受了你的影响，不得不用全体力量来发展研究。我要强调指出，大学在你领导之下是大成功，是提倡科学研究的创始，希望发现一点新知识，由此更引起新知识，这年轻的大学，有最多的成绩，我最后公开承认你的大学政策整个范围是对的。"

考试与教育[①]

我在民国二十三年，曾在考试院住过几天，也在此会场讲过话，所以这次重来，非常愉快。尤其看到考试院的建筑没有被破坏，并知道今年参加高考的人数超过以前任何时期，现在交通如此不方便，而全国各大城市参加高考的人数，竟达万人以上（就在我们北大的课室中，也有不少的人在应试）。我感觉到，自民国二十年举行第一次考试以来，这十六年间，考试制度的基础已相当巩固。我是拥护考试制度的一个人，目睹考试制度的巩固，与应考人数的增多，至为高兴。

今天考试院的几位朋友，要我来谈谈考试与教育的问题。当然考试与教育，与学校，都有很深的关系。中国的考试制度，可算有二千多年历史。在汉朝初开国的几十年，本来没

[①] 本文为1947年10月21日胡适在南京考试院的演讲。

有书生担负政治上的重要责任。后来汉武帝的宰相公孙弘，向武帝建议两件大事：其一是"予博士以弟子"，因过去只有博士，而没有学生，公孙弘主张给博士收学生。每个博士给予学生十人，后来学生数目逐渐增加，至王莽时代，增至一万人。迨东汉中期，更增至三万人。

其二就是考试制度，公孙弘因见国家的法令与皇帝的诏书，不但百姓不能了解，甚至政府的官吏亦多不懂。故献议武帝，采用考试的办法，即指定若干经典为范围，凡能背诵一部的，便予以官吏职位。这是最早的考试制度，约在纪元前一百二十四年开始实行，到现在已经二千一百年。有了这种考试制度，便可以吸收学校训练出来的人才。风气一开，就另外产生一种私人创办的学校。在后汉时，此种学校达一百余所。各校学生有五六百人的，也有一二千人的。但因私人住宅无法容纳，所以在学校附近，就有许多做小买卖的商店应运而生，以供应学生的衣着和食宿。

其后学校的开办，主要的便是为适应此种考试制度而设。学校学生根据政府订定的标准，大家去努力竞争。最初应考的人，还有阶级的限制，就是只有士大夫阶级才能应试。后来这种阶级观念也打破了，只问是否及格，而不问来历。考试制度其后也逐渐改进，在唐朝时，还有人到处送自己的卷子，此种办法易影响主考人的观念，所以大家觉得不妥当，而加以禁止。到宋朝真宗时代，更采用密封糊名的办法，完全凭客观的成绩来录取人才。

　　由于考试制度的渐趋严密和阶级制度逐渐打破，所以无论出身如何寒微的人，都有应考的机会和出任官吏的可能。

　　以前我在外国，有人要我讲中国的考试制度，我便引用一个戏台上的故事，就是《鸿鸾禧》所描写的"金玉奴棒打薄情郎"。这个戏也许大家都看过，是叙述一个乞丐头儿金松的女儿金玉奴，在一个寒冷的冬天打开大门看见有人僵倒在地上，便和她父亲把这个人救活了。那个人是一位来京应试的穷书生，因为没有钱，又饥又饿，所以冻僵在门前。后来金玉奴请她父亲把他收留了，这个书生不久便做了金松的女婿，并且考中了进士，还不能做知县，只在县中做县尉、县丞之类的小官。但是他做了官之后，总觉得当一个乞丐头的女婿没有面子，所以在上任的路上，便要设法解决他的太太。在一个月明星稀的晚上，他叫她走出船头，硬把她推下水去，但想不到金玉奴却被后面一只船的人救起来，这个船上的主人，便是那书生的上司。他询明情由，就收金玉奴为养女，等到那书生到差之后，仍将她嫁回给他。于是在洞房之夜，金玉奴便演出了棒打薄情郎这幕喜剧。

　　这个故事是说明那个时候的人，谁都可以参加考试和有膺选的机会，完全没有阶级的限制。这种以客观的标准和公开竞争的考试制度，打破了社会阶级的存在，同时也是保持中国两千多年来的统一安定的力量。

　　我认为中国到现在还是没有阶级存在的。穷富并不是阶级，因为有钱的人，可能因一次战争或投机失败而破产，而贫穷的人，亦可以积累奋斗而致富，不像印度那样，有许多明显的阶级存在。我国的阶级观念，已为考试制度所打破。

再说考试制度对于国家的统一，也有很大的关系。从前的交通非常不便，不像现在到甘肃、到四川，坐飞机只花几个小时就可到，并且还有火车、汽车和轮船等交通工具。在古时那种阻塞的情形下，中央可以不用武力而委派各地以至边疆的官吏，来维持国家的统一达两千多年，这实在有其内在的原因，就是由于考试制度的公开和公平。当时中央派至各地的官吏（现在称之为封建制度，我却认为并不怎样封建，因为不是带了许多兵马去的）皆由政府公开考选而来。政府考选人才，固然注意客观的标准，同时也顾及到各地的文化水准，因此录取的人员，并不偏于一方或一省，而普及全国。在文化水准低的地方，也可以发现天才。有天才的人，便可以考中状元，所以当选的机会各地是平等的。

同时还有一种回避的制度，就是本省的人不能任本省的官吏，而必须派往其他省份服务。有时候江南的人，派到西北去，有时候西北的人派到东南来。这种公道的办法，大家没有理由可以反对抵制。所以政府不用靠兵力和其他工具来统治地方，这是考试制度影响的结果。

今天我到考试院来，班门弄斧地说了一套关于考试制度的话，一定很多人不愿意听，所以我向大家告罪。

再说到本题来，即从汉朝以后，考试和教育的关系。那时候的学校，差不多都是为文官考试制度而设。迄至隋唐，流于以文取士的制度。本来考试内容，包含多种，除进士外，有天文、医学、法律、武艺等等，不过进士却成为特别注重的一科。进士是考诗经、词赋的，即是以创作文学为标准。社会的眼光，也特别重视这一科。有女儿的人家，要选进士为女婿，女子的理想丈夫，就是状元进士。这种社会风气，改变了考试的内容。本来古代考试，不单纯是做诗词或八股文章，不过因为后来大家看不起学法律和医药的人，觉得这种学问，并不是伟大的创作，而进士却能在严格的范围内来创作文学，当然应看作是天才了。社会这种要求，并不是没有道理，不过因为太看重进士，所以就偏于以进士科为考试制度的标准。

至王安石时，他想变更这种风气而提倡法治，研究法律。但是他失败以后，便依然回复到做八股文章，走上错误的道路。但这种错误是基于当时的社会背景的。

因为考试内容的改变，便影响到学校的教育。考试要用诗赋，学堂教育便要讲诗赋，考试要用八股文章，学堂教育便要讲八股文章。社会的要求和小姐们的心理，影响了考试制度，考试制度也影响了学校教育的内容。

由于进士科考取的人才，多数是天才，天才除了做诗赋和八股之外，当然还可以发挥其天才做其他的事业，所以这并不是完全失败的制度。此处并非说我同情进士制度（我是最反对做律诗和八股文的），不过我们要知道这是有历史背景的。

我近年来，在国外感觉到，中国文化对世界有一很大的贡献，就是这种文官考试制度。没有其他的民族和国家，其考试制度会有二千多年的历史的。我们即以隋唐到现在来说，已有一千四百年，唐朝迄今，有一千三百年，宋朝迄今，也有九百多年，没有别的国家，能有这样早的考试制度。我国以一个在山东牧豕出身的公孙弘先生，能于二千年前有这种见地，实在是件了不起的事。

再从世界的眼光来看，中国考试制度，也影响了别的国家。哈佛大学的《亚洲研究杂志》，前年刊登一篇北京大学教授丁士仪先生写的文章，题为"中国文官考试制度影响英国文官考试制度的研究"。丁先生特别搜寻英国国会一百多年来赞成和反对采用中国文官制度的历次讨论纪录，用作引证。并说明十八世纪（其实早在十七世纪）便有耶稣会的传教士介绍中国的历史文化和政治制度到欧洲，其中便曾有人提到中国的考试制度。首先在法国革命时（纪元1791年），法国政府宣布要用考试制度，这思想是受了中国的影响的。不过后来革命政府失败，所以没有实现这个制度。其后这种思想，由欧洲大陆传入英国，英国当时有所谓"公理学派"，主张改革政治，改革社会以谋取最大多数人类的最大幸福为目标（这个学派也可称为幸福主义学派），他们同样看重了中国的文官制度，主张英国也应加以采用。

后来英国议会讨论这个问题时，有赞成和反对两派的意见。赞成派的理由，是中国能维持几千年的统一局面，主要的是因为政府采用这种公开的、客观的考试制度；反对派则认为中国自鸦片战争以来，历次对外打败仗，所以不应仿效中国的制度。由此可知无论赞成的和反对的，都承认这是中国发明的制度。

后来英国先在印度和缅甸试行这种制度，到十九世纪以后，再在国内施行。

其后德国也采用考试制度，不久复传到美国。这都是直接或间接受到中国的影响的。

在太平天国时代（十九世纪中叶），英国出版的一本书叫做《中国人与中国革命》，这本书前面，有个附录，是一个英国官员向英政府及人民写的条陈，要求英国采用中国的文官制度。

由这些事例，可以看出中国文官制度影响之大，及其价值之被人重视，这也是我们中国对世界文化贡献的一件可以自夸的事。

现在我们的考试，已经不采用诗词了（考试院的各位先生平常作诗作词，不过是一种余兴），考试的内容已和世界各国相差无多。比之古代，虽然进步了很多，但是我们回过头看，现在却缺少了上面所讲过的社会上的心理期望。

现在人家择女婿，不以高考及格为条件的，小姐们的理想丈夫，也不是高考第一名的先生！现在大家所仰慕的，高考还不够，要留学生，顶好是个博士，而且是研究工程的，这是一个显明的事实。

尽管现在社会对考试制度已较民国二十年时，认识得清楚，参加考试人数也已增多，但是小姐们并不很看重高考及格的人员。我们不可忽视，小姐是有影响考试制度的相当权力的。

怎样才能使社会人士和小姐们养成对考试制度的重视呢？我还没有方案来答复大家这个问题。

我曾和戴院长谈过北京大学一个学生的故事。这个学生，今年毕业，是学法律的，中英文都很好，他的毕业论文，全篇用英文写成的，故被目为该系成绩最优的一个。学校要留他当助教，他说"谢谢，我不干"。北平地方法院的首席检察官在学校兼课，也邀他到法院去帮忙，他也说"谢谢，我不干"。后来一查，他的毕业论文虽作了，却没有参加毕业考试，原来他到一个私立银行当研究生去了，他的薪津比敝校的校长还要多。他用不着参加考试，因为这个私立银行是不用铨叙的。

我有三十二张博士文凭（有一张是自己用功得来，另外三十一张是名誉博士），又当了大学校长，但是我所拿的薪津，和一个银行练习生相差不多。我并不是拿钱做标准来较量，但是在这种状态之下，如何能使社会的人士对考试及格的人起一种信仰呢？

我希望各位在研究国内外各种高深学问之余，再抽时间看明朝以来三百年间流行的才子佳人小说，研究一下怎样才可以恢复过去社会上对考试制度敬重的心理，就算我出这个题目来考考大家。

学生与社会[①]

今天我同诸君所谈的题目是"学生与社会"。这个题目可以分两层讲：一、个人与社会；二、学生与社会。现在先说第一层。

一、个人与社会

（一）个人与社会有密切的关系，个人就是社会的出产品。我们虽然常说"人有个性"，并且提倡发展个性，其实个性于人，不过是千分之一，而千分之九百九十九全是社会的。我们的说话，是照社会的习惯发音；我们的衣服，是按社会的

① 本文为1922年2月19日胡适在平民中学的演讲，原载1922年3月10日《共进》半月刊第11期。

风尚为式样；就是我们的一举一动，无一不受社会的影响。

六年前我作过一首《朋友篇》，在这篇诗里我说："清夜每自思，此身非吾有：一半属父母，一半属朋友。"如今想来，这百分之五十的比例算法是错了。此身至少有千分之九百九十九是属于广义的朋友的。我们现在虽在此地，而几千里外的人，不少的同我们发生关系。我们不能不穿衣，不能不点灯，这衣服与灯，不知经过多少人的手才造成功的。这许多为我们制衣造灯的人，都是我们不认识的朋友，这衣与灯就是这许多人不认识的朋友给与我们的。

再进一步说，我们的思想、习惯、信仰等等都是社会的出产品，社会上都说"吃饭"，我们不能改转来说"饭吃"。我们所以为我们，就是这些思想、信仰、习惯，……这些既都是社会的，那么除开社会，还能有我吗？

这第一点的要义：我之所以为我，在物质方面，是无数认识与不认识的朋友的；在精神方面，是社会的，所谓"个人"差不多完全是社会的出产品。

（二）个人——我——虽仅是千分之一，但是这千分之一的"我"是很可宝贵的。普通一班的人，差不多千分之千都是社会的，思想、举动、语言、服食都是跟着社会跑。有一二特出者，有千分之一的我——个性，于跟着社会跑的时候，要另外创作，说人家未说的话，做人家不做的事。社会一班人就给他一个诨号，叫他"怪物"。

怪物原有两种：一种是发疯，一种是个性的表现。这种个性表现的怪物，是社会进化的种子，因为人类若是一代一代的互相仿造，不有变更，那就没有进化可言了。惟其有些怪物出世，特立独行，做人不做的事，说人未说的话，虽有人骂他打他，甚而逼他至死，他仍是不改他的怪言、怪行。久而久之，渐渐地就有人模仿他了，由少数的怪，变为多数，更变而为大多数，社会的风尚从此改变，把先前所怪的反视为常了。

宗教中的人物，大都是些怪物，耶稣就是一个大怪物。当时的人都以为有人打我一掌，我就应该还他一掌。耶稣偏要说："有人打我左脸一掌，我应该把右边的脸转送给他。"他的言语、行为，处处与当时的习尚相反，所以当时的人就以为他是一个怪物，把他钉死在十字架上。但是他虽死不改其言行，所以他死后就有人尊敬他，爱慕、模仿他的言行，成为一个大宗教。

怪事往往可以轰动一时，凡轰动一时的事，起先无不是可怪异的。比如缠足，当初一定是很可怪异的，而后来风行了几百年。近来把缠小的足放为天足，起先社会上同样以为可怪，而现在也渐风行了。可见不是可怪，就不能轰动一时。社会的进化，纯是千分之一的怪物，可以牺牲名誉、性命，而做可怪的事，说可怪的话以演成的。

社会的习尚，本来是革不尽，也不能够革尽的，但是改革一次，虽不能达完全目的，至少也可改革一部分的弊习。譬如辛亥革命，本是一个大改革，以现在的政治、社会情况看，固不能说是完全成功，而社会的弊习——如北京的男风、官家厅的公门，等等——附带革除的，实在不少。所以在实际上说，总算是进化的多了。

这第二点的要义：个人的成分，虽仅占千分之一，而这千分之一的个人，就是社会进化的原因。人类的一切发明，都是由个人一点一点改良而成功的。唯有个人可以改良社会，社会的进化全靠个人。

二、学生与社会

由上一层推到这一层，其关系已很明白。不过在文明的国家，学生与社会的特殊关系，当不大显明，而学生所负的责任，也不大很重。唯有在文明程度很低的国家，如像现在的中国，学生与社会的关系特深，所负的改良的责任也特重。这是因为学生是受过教育的人，中国现在受过完全教育的人，真不足千分之一，这千分之一受过完全教育的学生，在社会上所负的改良责任，岂不是比全数受过教育的国家的学生，特别重大吗？

教育是给人戴一副有光的眼镜，能明白观察；不是给人穿一件锦绣的衣服，在人前夸耀。未受教育的人是近视眼，没有明白的认识，远大的视力；受了教育，就是近视眼戴了一副近视镜，眼光变了，可以看明清楚远大。学生读了书，造下学问，不是为要到他的爸爸面前，要吃肉菜，穿绸缎；是要认他爸爸认不得的，替他爸爸说明，来帮他爸爸的忙。他爸爸不知道肥料的用法，土壤的选择，他能知道，告诉他爸爸，给他爸爸制肥料，选土壤，那他家中的收获，就可以比别人家多出许多了。

从前的学生都喜欢戴平光的眼镜，那种平光的眼镜戴如不戴，不是教育的结果。教育是要人戴能看从前看不见，并能看人家看不见的眼镜。我说社会的改良，全靠个人，其实就是靠这些戴近视镜，能看人所看不见的个人。

从前眼镜铺不发达，配眼镜的机会少，所以近视眼，老是近视看不远。现在不然了，戴眼镜的机会容易的多了，差不多是送上门来，让你去戴。若是我们不配一副眼镜戴，那不是自弃吗？若是仅戴一副看不清、看不远的平光镜，那也是可耻的事呀。

这是一个比喻，眼镜就是知识，学生应当求知识，并应当求其所要的知识。

戴上眼镜，往往容易招人家厌恶。从前是近视眼，看不见人家脸上的麻子，戴上眼镜，看见人家脸上有麻子，就要说："你是个麻子脸。"有麻子的人，多不愿意别人说他的麻子。要听见你说他是麻子，他一定要骂你，甚而或许打你。这一改意思，就是说受过教育，就认清社会的恶习，而发不满意的批评。这种不满意社会的批评，最容易引起社会的反感。但是人受教育，求知识，原是为发现社会的弊端，若是受了教育，而对于社会仍是处处觉得满意，那就是你的眼镜配错了光了，应该返回去审查一下，重配一副光度合适的才好。

从前格里林因人家造的望远镜不适用，他自己造了一个扩大几百倍的望远镜，能看木星现象。他请人来看，而社会上的人反以为他是魔术迷人，骂他为怪物、革命党，几乎把他弄死。他惟其不屈不挠，不可抛弃他的学说，停止他的研究，而望远镜竟成为今日学问上、社会上重要的东西了。

总之，第一要有知识，第二要有图书。若是没有骨子便在社会上站不住。有骨子就是有奋斗精神，认为是真理，虽死不畏，都要去说去做。不以我看见我知道而已，还要使一班人都认识，都知道。由少数变为多数，由多数变成大多数，使一班人都承认这个真理。譬如现在有人反对修铁路，铁路是便利交通，有益社会的，你们应该站在房上喊叫宣传，使人人都知道修铁路的好处。若是有人厌恶你们，阻挡你们，你们就要拿出奋斗的精神，与他抵抗，非把你们的目的达到。不止你们的喊叫宣传，这种奋斗的精神，是改造社会绝不可少的。

二十年前的革命家，现在哪里去了？他们的消灭不外两个原因：（1）眼镜不适用了。二十年前的康有为是一个出风头的革命家，不怕死的好汉子。现在人都笑他为守旧，老古董，都是由他不去把不适用的眼镜换一换的缘故。（2）无骨子。有一班革命家，骨子软了，人家给他些钱，或给他一个差事，教他不要干，他就不敢干了。没有一种奋斗精神，不能拿出"你不要我干，我偏要干"的决心，所以都消灭了。

我们学生应当注意的就是这两点，眼镜的光若是不对了，就去换一副对的来戴；摸着脊骨软了，要吃一点硬骨药。

我的话讲完了，现在讲一个故事来做结，易卜生所作的《国家公敌》一剧，写一个医生司铎门发现了本地浴场的水里有传染病菌，他还不敢自信，请一位大学教授代为化验，果然不错。他就想要去改良它。不料浴场董事和一般股东因为改造浴池要耗费资本，拼死反对，他的老大哥与他的老丈人也都多方的以情感利诱，但他总是不可软化。他于万分困难之下设法开了一个公民会议，报告他的发明。会场中的人不但不听他的老实话，还把他赶出场去，裤子撕破，宣告他为国民公敌。他气愤不过，说："出去争真理，不要穿好裤子。"他是真有奋斗精神，能够特立独行的人，于这种逼迫之下还是不退缩。他说："世界最有强力的人就是那最孤立的人。"我们要改良社会，就要学这"争真理不穿好裤子"的态度，相信这"最孤立的人是最有强力的人"的名言。

智识的准备[①]

一

在这个值得纪念的仪式完毕之后，你们就被列入少数特权分子之列——大学毕业生。今天并不是标示着人生一段时期的结束或完毕，而是一个新生活的开始，一个真正生活和真正充满责任的开端。

人家对你们作为大学毕业生的，总期望会与平常人有所不同，和大多数没有念过大学的人有所不同。他们预料你们言行会有怪异之处。

你们有些人或许不喜欢人家把你们视为与众不同、言行

---

① 本文为1941年6月中旬胡适在美国普渡大学毕业典礼上的英文演讲，题为"Intellectual Preparedness"。

怪异的人。你们或许想要和群众混在一起，不分彼此。

让我们向你们保证，要回到群众中间，使人不分彼此，是一件容易做到的事。假如你们有这个愿望，你们随时都可以做到，你们随时都可以成为一个"好同伴"，一个"易于相处的人"——而人们，包括你们自己，马上就会忘记你们曾经念过大学这回事。

虽然大学教育当然不该把我们造成为"势利之徒"和"古怪的人"，可是我们大学毕业生一直保留一点儿与众不同的标志，却也不是一件坏事。这一点儿与众不同的标志，我相信，是任何学术机构的教育家所最希望造成的。

大学男女学生与众不同的这个标志是什么呢？多数教育家都很可能会同意的说，那是一个多少受过训练的脑筋，——一个多少有规律的思想方式——这会使得，也应当使得，受大学教育的人显出有些与众不同的地方。

一个头脑受过训练的人在看一件事是用批判和客观的态度，而且也用适当的智识学问为凭依。他不容许偏见和个人的利益来影响他的判断，和左右他的观点。他一直都是好奇的，但是他绝对不会轻易相信人。他并不仓卒的下结论，也不轻易的附和他人的意见，他宁愿耽搁一段时间，一直等到他有充分的时间来查考事实和证据后，才下结论。

总而言之，一个受过训练的头脑，就是对于易陷入偏见、武断和盲目接受传统与权威的陷阱，存有戒心和疑惧。同时，一个受过训练的脑筋绝不是消极或是毁灭性的。他怀疑人并不是喜欢怀疑的缘故；也并不是认为"所有的话都有可疑之处，所有的判断都有虚假之处"。他之所以怀疑是为了想确切相信一件事。为了要根据更坚固的证据和更健全的推理为基础，来建立或重新建立信仰。

你们四年的研究和实验工作一定教过你们独立思考、客观判断、有系统的推理，和根据证据来相信某一件事的习惯。这些就是，也应当是，标示一个人是大学生的标志。就是这些特征才使你们显得"与众不同"和"怪异"，而这些特征可能会使你们不孚众望或不受欢迎，甚至为你们社会里大多数人所畏避和摒弃。

可是，这些有点令人烦恼的特点却是你们母校于你们居留在此时间中，所教导你们而为此最感到自豪的事。这些求知习惯的训练，如果我没有判断错误的话，也就是你们在大学里有责任予以培养起来的，回家时从这个校园里所带走的，并且在你们整个一生和在你们一切各种活动中，所继续不断的实行和发展的。

伟大的英国科学家，同时也是哲学家的赫胥黎（Thomas H.Huxley）曾说过："一个人一生中最神圣的行为就是口里讲，内心深感觉到这句话：'我相信某件事是实在的。'紧附在那个行为上的是人生存在世上一切最大的报酬和一切最严重的责罚。"要成功的完成这一个"最神圣的行为"，那应用在判断、思考，和信仰上的思想训练和规律是必要的。

所以在这一个值得纪念的日子，你们必须问自己的第一个问题就是：我是否获得所期望于为一个受大学教育的我所该有的充分智识训练吗？我的头脑是否有充分的装备和准备来做赫胥黎所说的"一个人一生中最神圣的行为"？

二

　　我们必须要体会到"一个人一生中最神圣的行为"也同时是我们日常所需做的行为。另一个英国哲学家弥尔（John Stuart Mill）曾说过："各个人每天每时每刻都需要确切证实他所没有直接观察过的事情……法官、军事指挥官、航海人员、医师、农场经营者（我们还可以加上一般的公民和选民）的事，也不过是将证据加以判断，并按照判断采取行动……就根据他们做法（思考和推论）的优劣，就可以决定他们是否尽其分内的职责。这是头脑所不停从事的职责。"

　　由于人人每日每时都需要思考，所以人在思考时，极容易流于疏忽，漠不关心，和习惯性的态度。大学教育毕竟难以教给我们一整套精通与永久适用的求知习惯，原因是其所需的时间远超过大学的四年。大学毕业生离开了他的实验室和图书馆，往往感觉到他已经工作得太劳累，思考得太辛苦，毕业后应当享受到一种可以不必求知识的假期。他可能太忙或者太懒，而无法把他在大学里刚学到而还没有精通的知识训练继续下去。他可能不喜欢标榜自己为受过大学教育"好炫耀博学的人"。他可能发现讲幼稚的话与随和大众的反应是一种调剂，甚至是一种愉快的事。无论如何，大学毕业生离开大学之后，最普遍的危险就是溜回到怠惰和懒散方式的思考和信仰。

所以大学生离开学校后，最困难的问题就是如何继续培养精稳实验室研究的思考态度和技术，以便将这种思考的态度和技术扩展到他日常思想、生活，和各种活动上去。

天下没有一个普遍适用以提防这种懒病复发的公式。但是我们仍然想献给列位一个简单的妙计，这个妙计对我自己和对我的学生和朋友都很实用。

我所想要建议的是各个大学毕业生都应当有一个或两个或更多足以引起兴趣和好奇心的疑难问题，借以激起他的注意、研究、探讨，或实验的心思。你们大家都知道的，一切科学的成就都是由于一个疑难的问题碰巧激起某一个观察者的好奇心和想象力所促成的。有人说没有装备良好的图书馆和实验室是无法延续求知的兴趣。这句话是不确实的。请问阿基米德、伽利略、牛顿、法拉第，或者甚至达尔文或巴斯德究竟有什么实验室或图书馆的装备呢？一个大学毕业生所需要的仅是一些会激起他的好奇心，引起他的求知欲和挑激他的想法求解决的有趣的难题。那种挑激引发的性质就足够引致他搜集资料、触类旁通、设计工具，和建立简单而适用的试验和实验室。一个人对于一些引人好奇的难题不发生兴趣的话，就是处在设备良好的实验室和博物馆中，知识上也不会有任何发展。

四年的大学教育所给予我们的，毕业只不过是已经研究出来和尚未研究出来的学问浩瀚范围的一瞥而已。不管我们主修的是哪一个科目，我们都不应当有自满的感觉，以为在我们专门科目范围内，已经没有不解决的问题存在。凡是离开母校大门而没有带一两个智识上的难题回家去，和一两个在他清醒时一直缠绕着他的问题，这个人的知识生活可以说是已经寿终正寝了。

这是我给你们的劝告：在这一个值得纪念的日子里，你们该花费几分钟，为你们自己列一个知识的清单，假如没有一两个值得你们下决心解决的智识难题，就不轻易步入这个大世界。你们不能带走你们的教授，也不能带走学校的图书馆和实验室。可是你们带走几个难题。这些难题时刻都会使你们智识上的自满和怠惰下来的心受到困扰。除非你们向这些难题进攻，并加以解决，否则你们就一直不得安宁。那时候，你们看吧，在处理和解决这些小难题的时候，你们不但使你们思考和研究的技术逐渐纯熟和精稳，而且同时开拓出知识的新地平线并达到科学的新高峰。

三

这种一直有一些激起好奇心和兴趣疑难问题来刺激你们的小妙计有许多功用。这个妙计可使你们一生中对研究学问的兴趣永存不灭，可开展你们新嗜好的兴趣，把你们日常生活提高到超过惯性和苦闷的水准之上。常常在沉静的夜里，你们突然成功地解决了一个讨厌的难题而很希望叫醒你们的家人，对他们叫喊着说："我找到了，我找到了！"那时候给你们的是智识上的狂喜和很大的乐趣。

但是这种自找问题和解决问题方式最重要的用处，是在于用来训练我们的能力，磨炼我们的智慧，而因此使我们能精稔实验与研究的方法和技术。对思考技术的精稔可能引使你们达到创造性的知识高峰；但是也同时会渐渐地普遍应用在你们整个生活上，并且使你们在处理日常活动时，成为比较懂得判断的人，会使你们成为更好的公民，更聪明的选民，更有知识的报纸读者，成为对于目前国家大事或国际大事一个更为胜任的评论者。

这个训练对于为一个民主国家里公民和选民的你们是特别重要的。你们所生活的时代是一片充满了惊心动魄事件的时代，一个势要毁灭你们政府和文化根基的战争时代。而从各方面拥集到你们身上的是强有力不让人批驳的思想形态，巧妙的宣传，以及随意歪曲的历史。希望你们在这个要把人弄得团团转的旋风世界中，要建立起你们〔的〕判断力，要下自己的决心，投你们的票，和尽你们的本分。

有人会警告你们要特别提高警惕，以提防邪恶宣传的侵袭。可是你们要怎样做才能防御宣传的侵入呢？因为那些警告你们的人本身往往就是职业的宣传员，只不过他们罐头上所用的是不同的商标；但这些罐头里照样是陈旧的和不准批驳的东西！

例如，有人告诉你们，上次世界大战所有一切唯心论的标语，像"为世界民主政治的安全而战"和"以战争来消弭战争"，这些话，都是想讨人欢喜的空谈和烟幕而已。但是揭露这件事的人也就是宣传者，他要我们全体都相信美国之参加上次世界大战是那些"担心美元英镑贬值"放高利贷者和发战争财者所促成的。

再看另一个例子。你们是在一个信仰所培养之下长大起来的。这些信仰就是相信你们的政府形式，属于人民的政府，尊敬个人的自由，特别是相信那保护思想、信仰、表达，和出版等自由的政府形式是人类最伟大的成就之一；但是我们这一代的新先知们却告诉你们说，民主的代议政府仅是资本主义制度下的一个必然的副产品，这个制度并没有实质的优点，也没有永恒的价值；他们又说个人的自由并不一定是人们所希求的；为了集体的福利和权力的利益起见，个人的自由应当视为次要的，甚至应当加以抑压下去的。

这些和许多其他相反的论调到处都可以看到听到，都想要迷惑你们的思想，麻木你们的行动。你们需要怎么样准备自己来对付一切所有这些相反的论调呢？当然不会是紧闭着眼睛不看，掩盖着耳朵不听吧。当然也不会躲在良好的古老传统信仰的后面求庇护吧，因为受攻击和挑衅的就是古老的传统本身。当然也不会是诚心诚意的接受这种陈腔烂调和不准批驳的思想和信仰的体系，因为这样一个教条式的思想体系可能使你们丢失了很多的独立思想，会束缚和奴役你们的思想，以致从此之后，你们在智识上说，仅是机械一个而已。

　　你们可能希望能保持精神上的平衡和宁静，能够运用你们自己的判断，唯一的方法就是训练你们的思想，精稔自由沉静思考的技术。使我们更充分了解智识训练的价值和功效的就是在这知识困惑和混乱的时代。这个训练会使我们能够找到真理——使我们获得自由的真理。

　　关于这种训练与技术，并没有什么神秘的地方。那就是你们在实验室所学到的，也就是你们最优秀的教师终生所从事的，而在你们研究论文上所教你们的方法，那就是研究和实验的科学方法。也就是你们要学习应用于解决我所劝你们时刻要找一两个疑难问题所用的同样方法。这个方法，如果训练得纯熟精通，会使我们能在思考我们每天必须面对有关社会、经济和政治各项问题时，会更清楚，会更胜任的。

　　以其要素言，这个科学技术包括非常专心注意于各种建议、思想和理论，以及后果的控制和试验。一切思考是以考虑一个困惑的问题或情况开始的。所有一切能够解决这个困惑问题的假设都是受欢迎的。但是各个假设的论点却必须以在采用后可能产生的后果来作为适用与否的试验，凡是其后果最能满意克服原先困惑所在的假设，就可接受为最好和最真实的解决方法。这是一切自然、历史和社会科学的思考要素。

　　人类最大的谬误，就是以为社会和政治问题简单得很，所以根本不需要科学方法的严格训练，而只要根据实际经验就可以判断，就可以解决。

　　但是事实却是刚刚相反的。社会与政治问题是关联着千千万万人命和福利的问题。就是由于这些极具复杂性和重要性的问题是十分困难的，所以使得这些问题到今日还没有办法以准确的定量衡量方法和试验与实验的精确方法来计量。甚至以最审慎的态度和用严格的方法无法保证绝无错误。但是这些困难却省免不了我们用尽一切审慎和批判的洞察力来处理这些庞大的社会和政治问题的必要。

两千五百年前某诸侯①问孔子说："一言而可以兴邦，……一言而丧邦有诸？"

想到社会与政治的问题，总会提醒我们关于向孔子请教的这两个问题，因为对社会与政治的思考必然会连带想起和计划整个国家，整个社会，或者整个世界的事。所以一切社会与政治理论在用以处理一个情况时，如果粗心大意或固守教条，严重的说来，可能有时候会促成预料不到的混乱、退步、战争和毁灭，有时就真的是一言兴邦，一言丧邦。

刚就在前天，希特勒对他的军队发出一个命令，其中说到一句话：他要决定他的国家和人民未来一千年的命运！

但希特勒先生一个人是无法以个人的思想来决定千千万万人的生死问题。你们在这里所有的人需要考虑你们即将来临的本地与全国选举中有所选择，所有的人需要对和战问题表达意见，并不决定。是的，你们也会考虑到一个情况，你们在这个情况中的思考是正确，是错误，就会影响千千万万人

---

① 译者按：此处某诸侯乃指鲁定公。

的福利，也可能直接或间接地决定未来一千年世界与其文化的命运！

所以为少数特权阶级的我们大学男女，严肃的和胜任的把自己准备好，以便像在今日的这个时代，这个世界，每日从事思考和判断，把我们自己训练好，以便作有责任心的思考，乃是我们神圣的任务。

有责任心的思考至少含着三个主要的要求：第一，把我们的事实加以证明，把证据加以考查；第二，如有差错，谦虚地承认错误，慎防偏见和武断；第三，愿意尽量彻底获致一切会随着我们观点和理论而来的可能后果，并且道德上对这些后果负责任。

怠惰的思考，容许个人和党团的因素不知不觉地影响我们的思考，接受陈腐和不加分析的思想为思考之前提，或者未能努力以获致可能后果，来试验一个人的思想是否正确等等就是知识上不负责任的表现。

你们是否充分准备来做这件在你们一生中最神圣的行动——有责任心的思考？

思想的方法①

　　一个人的思想，差不多是防身的武器，可以批评什么主义，可以避免一切纷扰。我们人总以为思想只有智识阶级才有，可是这是不尽然的；有的时候，思想不但普通人没有，就是学者也没有。普通人每天做事、吃饭、洗脸、漱口……都是照着习惯做去，没有思想的必要，所以不能称为有思想；就是关着窗子，闭着门户，一阵子的胡思乱想，也绝对不是思想的本义。原来思想是有条理、有系统、有方法的。

　　我们遇着日常习惯的事，总是马马虎虎的过去；及至有一个异于平常的困难发生，才用思想去考虑和解决。譬如学生每天从宿舍到课堂，必须经过三叉路和电车站，再走过二行绿

----

① 本文为1925年10月28日胡适在光华大学的演讲，原载1926年1月5日《学生杂志》第13卷第1期。

荫荫的柳树，和四层楼的红房子，然后才至课堂。这在每天来往的学生，是极平常而不注意的事；但要是一个新考进来的学生，当他到了三叉路口的辰光，一定有一个问题发生：就是在这三条路中，究竟打哪一条路走能到目的地？那个时候，要解决这个困难，思想便发生了。

要管理我们的思想，照心理学上讲，须要用五种步骤：

1.困难的发生　人必遇有歧路的环境或疑难问题的时候，才有思想发生。倘无困难，决不会发生思想。

2.指定困难的所在　有的困难是很容易解决的，那就没有讨论和指定困难的所在的必要。要是像医生的看病，那就有关人命了。我们遇着一个人生病的时光，往往自己说不出病之所在；及至请了医生来，他诊了脉搏，验了小便，就完了事；后来吃了几瓶药水，就能够恢复原状。他所以能够解决困难，和我们所以不能解决困难的不同点，就在能否指定和认清困难之所在罢了。

3.假设解决困难的方法　这就是所谓出主意了。像三叉路口的困难者，他有了主意，必定向电车站杨柳树那边跑。这种假说的由来，多赖平日的知识与经验。语云："养兵千日，用在一朝。"我们求学亦复如此。这一步实是最重要的一步。要是在没有思想的人，他在脑袋中，东也找不到，西也找不到，虽是他在平常，能够把书本子倒背出来；可是没有观察的经验，和考虑的能力，一辈子的胡思乱想，终是不能解决困难的啊。

　　但是也有人，因为学识太足了，经验太富了，到困难来临的时候，脑海中同时产生了许多不同的解决方法；有的时候，把对的主意，给个人的感情和嗜好压了下去，把不对的主意，反而实行了。及后铸成大错，追悔莫及。所以思想多了，一定还要用精密谨慎的方法，去选定一个最好的主意。

　　4.判断和选定假设之结果　假若我脑海中有了三种主意：第一主意的结果是A，B，C，D，第二主意的结果是E，F，G，第三主意的结果是H，I，那个时候，就要考虑他三个结果的价值和利害；然后把其中最容易而准确的结果设法证明。

　　还有我们做事，往往用主观的态度，而不用客观的态度；这就是我们常说的"某人说话，不负责任"的解释了。

　　此次五卅惨案，也有许多激烈的青年，主张和英国宣战，他们没有想到战争时，和战争后，政治上、商业上、交通上、经济上、军事上的一切设备和结果。他们只知唱高调，不负责任的胡闹，只被成见和一时感情的冲动所驱使，没有想到某种条件有某种结果，和某种结果有没有解决某种条件的可能。

　　5.证实结果　既已择定一个解决困难的方法，再要实地实验，看他实效的如何以定是非与价值。遇有事实不易在自然界发生的，则用人力造成某种条件以试验之。例如欲知水是否为轻养（氢氧）二原素所构成，此事在自然界不易发生，于是以人力合二原质于一处，加以热力，考察是否能成水。更以水分析之，看能否成轻养（氢氧）二原素，即从效果上来证实水的成分。

从前我的父亲有一次到满洲去勘界。一天到了一个大森林，走了多天，竟迷了路；那个时候干粮也吃完了，马也疲乏了，在无可如何的时光，他爬上山顶，登高一望，只见翠绿的树叶，弥漫连续，他用来福枪放起来，再把枯树焦叶烧起来，可是等了半天，连救援人的影踪也找不到。他便着急起来了，隔一回儿，他想起从前古书里有一句话，叫做"水必出山"。他便选定了这个办法，找到了河，遵了河道，走了一日夜，竟达到了目的地。

又有一例。禅宗中有一位烧饭的，去问他的大法师道："佛法是什么？"那大法师算了半天，才回答道："上海的棉花，二个铜子一斤。"烧饭的便说道："我问你的是佛法，你答我的是棉花，这真是牛头不对马面了。"隔了三年，他到了杭州的灵隐寺去做烧饭，他又乘便问那主持的和尚道："佛法是什么？"那主持和尚道："杭州的棉花，也是二个铜子一斤。"他更莫名其妙；于是他便跑到普陀山、峨眉山……途中饱尝了饥渴盗匪之苦，问了许多和尚法师，竟没有得到一个圆满的解决。有一天，他到了一个破庙房，碰到一个老年的女丐，口中咿唔的在自语着，他在不知不解间，听得一句不相干的话，忽然间竟觉悟了世界上怎样的困难，他也就明白了"佛法是什么"。他在几十年中所怀的闷葫芦，一旦竟明白了，不是偶然的。这就是孟子所说"资之深，则取之左右逢其源"，只要把自己的思想运用，把自己的脑筋锻炼，那么，什么东西都可以迎刃而解了！

在宋朝有一个和尚，名叫法贤，人家称他做五祖大师，他最喜欢讲笑话。他讲：从前有一个贼少爷，问贼老爷道："我的年纪也大了，也不能天天玩耍了，爹爹也可以教我一点立身之道吗？"那贼老爷并不回答他，到了晚上，导他到一座高大的屋宇，进了门，便把自己身边的钥匙，开了一个很大的衣橱，让他的儿子进去，待到贼少爷跨进衣橱，贼老爷把橱门啪的关上，并且锁着；自己连喊"捉贼，捉贼"的逃了。那时候，贼少爷在衣橱里是急极了，他想，"我的爹爹叫我来偷东西，那么他为什么把我锁在里边，岂不是叫他们活剥剥的把我捉住，送我到牢狱里去，尝铁窗风味吗？"可是他既而一想，"怎么样我可以出去？"便用嘴作老鼠咬衣服的声音，孜孜的一阵乱叫，居然有人给他开门了，他便乘着这个机会，把开门的人打倒，把蜡烛吹灭，等到仆人们来追赶他，他早已一溜烟的跑回家了。他看见父亲之后，第一声便问道："你为什么把我关在橱里呢？"那贼老爷道："我先要问你，你是怎么样出来的？"他便把实情一五一十的讲给贼老爷听，他听了之后，眉开眼笑的说道："你也干得了！"要是这位贼少爷，在困难发生的时候，不用思想，他早已大声的喊道"爹爹啊！不要关门啊"了。

我们读书不当死读，要讲合用；在书本之外，尤其要锻炼脑力，运用思想，和我的父亲，禅宗中的烧饭者和贼少爷一般无二。他们是能用有条理有系统有方法的思想，去解决他们的困难的。

我记得前几天有一个日本新闻记者问我："现在中国青年的思想是什么？"我便很爽快的答道："中国的青年，是没有思想的。"这一句话，我觉得有一点武断，并且很对不起我国的青年，可是我也有不得已的苦衷。当我在北京大学教论理学的时光，我出了三个问题：

（一）照你自己经验上讲，有何可称为思想的事实？

（二）在福尔摩斯的侦探案中，用科学方法分析出来有何可称为思想的事实？

（三）在科学发明史上，有何可称为思想的事实？

到了后来，第二、第三都能回答得很对，第一问题简直回答的不满十分之二，而他们所回答的，完全是答非所问，这便因为他们平时不注意于运用思想的缘故。

治学的三根毫毛^①

主席，白副总司令，各位同志：

我很抱歉，因为昨天在梧州一连说了两次话，喉咙有些哑，今天觉得更哑，恐怕在这么大的集会，不容易说得好。刚才听见主席说，我这次是受了李总司令的劝驾才来的，其实我早就有到贵省观光的意思，事前并已先拍电通知广西的友人，告诉他不久将来桂一游。所以，这次可以说是专程而来的。记得这次在粤谒见李总司令的时候，李总司令对本人再三叮嘱，希望本人不但要到西大看看，而且要到南宁以及其他各处去看看。今天能够到这里和诸位见面，心里实在感到非常的快慰！但是，本人来到这里，要讲什么题目才好呢？刚才宾南先生已

---

① 本文为1935年1月13日胡适在广西南宁的演讲。

经说过，诸位都是青年，所以在拟定的许多题目中，宾南先生特择"治学的方法"这一题要我来讲。

本来做学问，如果得到好的方法，自然容易与学问接近，所得的成绩也会比较的多。因此，我时常接到青年朋友的信，殷殷以治学的方法相询。说胡先生何以不告诉我们做学问的方法，以指导我们如何去做才会更有条理，更有成绩，让我们也好得到做学问的捷径。对于这问题，我有的或在书信上答复，有的或在学校讲演，计前后已讲十七年了。去年三月初八到天津去，也是讲这个题目，当时，因为早到了半天，就在旅馆中重温旧稿，看有什么地方可以增改，但是愈看心里愈怀疑，到最后才恍然大觉大悟，深觉十七年来所讲这无数次的治学的方法，都是错误的，于是就把旧稿都撕掉了。

三月初八那日所得的新觉悟，使我明白，治学有无成绩，有无结果，不是单靠方法就可以做得到的。在方法之前还须有更重要的先决条件，那些先决条件不具备，即有方法也是没有用的。《西游记》的孙大圣，因为上西天取经去，怕路上要遇到许多艰难，所以就求观世音给他三根救命毫毛，放在身边，以便解决一切的危急。假如做学问也和唐僧求经一样要经过九九八十一劫，那么，难关还有一定的数目，然而做学问这一条路的历程，却是无穷尽的，其难关也不止九九八十一。如果我可以借给你们三根毫毛，或者一把百宝宝钥，以便诸君都能够深达学问的堂奥，岂不甚妙？无如我去年三月以来的新觉悟，使我知道做学问是无捷径的，也无小路可走，更无三根毫毛般的百宝宝钥可求。我们应当在方法之外，先解决做学问的基本条件，依据这种基本条件以建立学问的基础，以后，治学的方法，自然而然的也就有了。现在我把去年在天津旅馆里所觉悟到的两个基本条件贡献给诸位，这或许比三根毫毛还有用呢！

我以为在做学问之前，应先有下列两个条件：第一是有博大的准备，第二是养成良好的习惯。兹请依序说明之。

一、准备　做学问的准备工作，就是先要打个底子，先要积知识经验，把基础打好。基础打好了，学问的初步也就有相当的成功了。做学问的第一步功夫，先在日日探求知识，搜集材料，不要急谈方法，更不要急求成绩，知识日深，材料日多，自然有方法，有成绩了。即古人所谓"开卷有益"之意也。所以现在做学问不但要开卷，而且什么东西都要用，以做做学问的基础。诸位知道，在科学史上有一段佳话，说牛顿看见苹果自树上坠下，后来就依之发现地心吸力的定律。这种希世的发明，不独当时和现在的学术界受了绝大的影响，即将来影响于学术界亦必无穷尽。

但是苹果的坠地，可以说是我们天天所看得见的，但是为什么不知道去发明，倒让牛顿发明了去呢？原来我们所以不及牛顿的地方，就是因为没有牛顿的博学的基础。我们都以为苹果的坠下是当然的，用不着再加怀疑，但是牛顿对苹果的坠下却发生了怀疑，他想：苹果为什么不向空中飞去呢？他的成功是因为牛顿有了精博的学问，对于当时十六、十七世纪的新科学有了深切的研究。因此做学问必要先有丰富的知识来做基础，这是不待言的。所以我们现在可以得到一个结论：做学问的先决条件，不是重在先得方法，而是在先求知识，抱定开卷有益的态度，先造成广博精深的基础，然后才来做学问。宋朝的王安石，其道德、学问、功业，都可以说是中国历史上的第一等人。他有几句很警惕的话，是值得我们注意的。他的朋友曾子因为看他做学问方法太杂，就写信勉戒他。王安石先生因此就作书答他说：

> ……读经而已，则不足以知经。故自百家诸子之书，至《难经》、《素问》、《本草》、诸小说，无所不读；农夫女工，无所不问；然后于经为能知其体而无疑。盖后世之学者与先王之时异矣；不如是，不足以尽圣人故也。……致其知而后读，以有所去取，故异学不能乱也。

我们现在离王安石先生的年代，虽已有八百余年之久，但一读他前面的一段文章，再把"致其知而后读"的意思仔细体味起来，深觉其言，实大有至理。所以做学问应该以广博精深的学问来做基础，不论它是牛溲马渤，竹头木屑，都要兼收并蓄，使对于各种知识，无所不知，无所不晓，然后做学问才能有成绩；否则，即有孙大圣的三根救命毫毛，亦无补于事。不过，或许有人对于"致其知而后读"的意义还有怀疑，现在请再举例以明之。

我现在要举例是《墨子》。《墨子》这部书，可以说是中国古代的一部奇书。墨子大家都知道他是讲兼爱的，反对儒家和杨朱一派的思想的。因为历来儒家的思想占了优胜，所以《墨子》这部书，就久被人所摈弃了。二千年来去注意它的人很少，所以其中遂致有许多残缺讹误之处。全书最值得注意的，是《经上》、《经下》、《经说上》、《经说下》、《大取》、《小取》等六篇，这六篇记载着当时墨子学派的各种科学理论，一向因为没有人看得懂，注意的人就更少了。到了乾隆时代，才有人稍为看得懂，也才知道其中有须横看的。及至清末中西文化沟通后，中国人从西方学得了几何学、光学、力学之学，后来又有人懂得了论理学、知识论等，到了这个时候，把《墨子》的书打开来看，才骇然惊喜，原来在《墨子》里有许多地方是可以用这些新知识来解释的。不过，在这里值得我们注意的，就是为什么以前的人对于《墨子》一书能够了解的是这么少，到了后来能了解的人反而这么增多呢？我们的知识越多，我们了解《墨子》也越多。这就是"致其知而后读"的道理。所以从以上的论据看来，可以使我们明白，凡是知道的事物越多，知识就越广，知识越广，就越容易做学问。

说到这里，让我再引个例证，来说明准备工作对于做学问的重要。大家知道达尔文是一个生物学大家，他一生为了研究生物演进的状态，费了二十多年的光阴，并且曾经亲自乘船游历全世界，采集各种动植物的标本和研究其分布的状况，积了许多材料，但是总想不出一个原则来统括他的学说。有一天偶然读起马尔萨斯（Thomas Robert Malthus 1766—1834）的《人口论》，说粮食的增加是照数学级数，即是依一、二、三以上升。人口的增加却是照几何级数，即是依二、四、八以上升，所以人口的增加快于粮食。达尔文看到这里，豁然开朗地觉悟起来了，因此确定了"生存竞争，优胜劣败"的原理。我们知道达尔文二三十年所研究的是生物学的学问，但是还要依赖经济学来补助，才能替他的整个学问找到一个基本的原则，可见学问要广博，知识要丰富，不应只是注重于方法的问题，还须扩大学问的角度和台基，以为做学问的基础，然后学问才有成就的希望。

二、养成良好的习惯。上面我已经详述做学问的功夫，须要有广博的知识来做基础，但是单持有广博的知识，还是不足用，此外，还要养成二三种良好的习惯才成。通常所谓论理学或方法论，想诸位也知道其中有演绎归纳等的方法。如果以为论理学或方法论可以完全解决做学问的问题，诸位早就可以在教科书里求得了。正因为做学问的功夫，并不单应在方法上考究，所以每一个人在学问上造就的深浅，都是有赖于良好习惯的养成。试看古今中外的大学问家如王念孙、戴东原、顾亭林、牛顿、达尔文等，哪一个不是从良好的习惯中淘练出渊博伟大的学问来？所以在做学问之前，应有的第二条件，就是养成好的习惯。

良好习惯的养成约有三种：

1.勤（要勤快，不要懒，不怕苦。）

2.慎（不苟且，不潦草，不随便，要负责任。）

3.虚（不要有成见，要虚心。）

现在先从"勤"字讲起：

中国今日的新史学家顾颉刚先生，大家都知道他的《古史辨》是对于中国史学上贡献很大的。他平生治学的功夫，有许多是可以取法的，他的好处就在一个"勤"字。试举一件事做个例。以前顾先生还在做学生的时候，有人知道他的经济上很困难，就拿一本《古今伪书考》嘱他用标点符号标点出来，以便送到书店卖一笔钱。可是书交他之后，等了一月、两月、半年、一年，还没有见到他交还。一天我到他房里去看他，问起这件事，他就拿出了一大堆的稿子来，已经整理成为一大堆有系统的史料了。我问他："怎么倒弄成了考据呢？"他说："这有什么办法，书中不是残缺不全，就是讹误百出，怎能不细心来替它整理整理呢？"这种不肯偷懒的精神，就是他在学术上成功的秘诀。

现在再让我介绍顾亭林先生的治学方法。大家知道顾亭林先生平生治学是非常勤谨的，他为了要证明"服"字古音读做"逼"音，就不惮烦劳，把所有的古书检出一百六十二条的证据。可见古人做学问所以有成绩的缘故，不论在何种条件之下，都少不了一个"勤"字。

其次说到"慎"字。

我们做学问，不论中国字的一点一滴、一笔一画，外国字小小的一个字母，或是研究自然科学或数学上的一小圈，亦不可轻易把它放过。我看见现在有一班做学问的青年，其所以失败，就是因为太不慎，换言之，就是太苟且，太拆烂污了。譬如近人翻译外国文学书，竟将Oats译做橡树，即是将Oats误当作Oaks；虽只是一小字母的差别，但却将小麦译作大橡树，这不是谬以毫厘，差以千里吗？又以前曾看到一篇翻译的小说，描写一个女人生肺炎病，她的女友就拿猪肉给她吃，看到这里，心里很纳罕，即以普通常识来想，也知道生了肺炎病的人，无论怎样都不应该给她吃猪肉，后来一查原文，才知道是把Port误译作Pork。这不过随便略举一二而已，也就可见一班做学问的人太不小心了。但是，我们不能因为错误太小，就轻轻把它放过。治学的态度，要像做法官做侦探一样，丝毫不苟且，虽是极细微的地方，也要一样的注意。在这里我愿意再举出几个例来：

中国的文字中的"于"字和"於"字，以及"维"字、"言"字，都有其独特用法的，一向大都不十分去注意它。例如"于"字和"於"字的用法，普通以为没什么分别。可是有一位瑞典人高本汉（Karlgren）研究《左传》便发现了"于"和"於"两字的用法是各有不同的，这是我们所未尝注意到的。他还把它做出一个详细的表来。依他就用字法的研究的结果，到现在我们才知道所谓的《左传》的作者鲁君子左丘明的真假实在发生问题，而据高本汉所证明的，此书的作者是山西人而不是山东人。

又我的学生某君，一次曾以"弗"和"不"两字有什么不同相问，并举出不少的例子以相示，我就嘱他继续去研究。后来，研究的结果，才知道"弗"字具有"不之"两字合起来的意思，就是"半夜邻有求，无弗给"，等于"半夜邻有求无不之给"。由此可见做学问是要格外慎重的，研究自然科学的固然尤应该格外小心，即其他事业，如法官、侦探亦何尝不应如此。

最末了说到"虚"字。

"虚"字就是"虚心"的意思。做学问贵能虚心，事先不为成见所人，一如法官的审案，虽搜集各种证据，都可加入罪名，但于证据中，还须再三慎重的考虑，避绝一切憎爱的成见，然后才不至于枉法。譬如苹果为什么会坠地，"弗"与"不"为什么不同……凡此种种都得虚心去考虑。

综上所述，我们知道，凡做学问所以能有成绩的，不在方法而在勤、慎、虚。换言之，就是要"笨干"。所谓科学方法者，亦离不了上述这三种要件。假使具备了这三种要件，科学方法就随之而来了。如王念孙、顾亭林、戴东原等，他们的学问何尝不是"笨干"出来的？我在西大讲演，说到"维"字，它的意义很多，如"维是文王"、"维是熙熙"，祭文上的"维中华民国某年某月某日"，涵义各有不同。究竟"维"字在经文里怎样解说呢？《诗经》里就有三百几十个的"维"字。在我们都有些洋脾气的人，在这里自应先认为不懂，再去翻古书，把找得到的"维"字，都抄出来，一一拿来比较，然后就容易明白了，这样终于确定"维"字是一个感叹词。老子说："维之於呵，相去几何"，也可以证明原来"维"就是"呵"的意思。

最后我有几句话要忠告诸位，就是做学问并无捷径小路可走。更没有一定的方法可受用无穷，如果真有这方法，我为何不乐意奉送给诸位？记得以前有个龟兔赛跑的故事，是希腊最有名的寓言，可以拿出来供诸位做学问的教训。我觉得世界上有两派人：一派是乌龟派；一派是兔子派。凡是在学问上有大成就像达尔文、牛顿这一班人，都是既有兔子的天才，又有乌龟的功力，所以能够成为世界上最堪景仰的人。不过兔子的聪明，不是人人都有的，但乌龟的功力，则人人可学。在这里我希望诸位在做学问方面努力去学做乌龟，中国就不怕不产生无数像达尔文、牛顿、瓦特这一类的大学问家了。

治学方法[①]

第一讲　引言

钱校长，各位先生，各位同学：

　　今天我感觉到很困难，因为当初我接受钱校长与刘院长的电报到台大和师院作学术讲演，我想总是在小屋子里面，只有二三十人，顶多一百人，可以有问有答；在小规模的讲堂里面，还可以有黑板写写字，这样子才可以作一种学术讲演。今天来到这么一个广场里面作学术讲演，的确是生平第一次，一定有许多话给先生们听了觉得太浅，同学们又觉得没有黑板写下来，不容易知道。我的南腔北调的官话依然咬不清楚，一定

---

① 本文为1952年12月胡适在台湾大学的系列演讲。

使大家很失望，所以先要道歉！

当时我收到钱校长与刘院长的电报，我想了几天，我以为他们两位另外有一封详细的信告诉我：是两个学校分开还是合起来讲？是小讲堂还是大讲堂？当时的确没有想到在广场讲演。等了两个星期，他们没有信来，我自动打电报给他们两位；我提出两个题目：在台大讲"治学方法"，在师院讲"杜威哲学"。

杜威先生是我的老师，活了九十多岁，今年才过世。我们一般学生觉得，应该有一个机会纪念他，所以杜威哲学这个题目，是当作一个纪念性。

今天讲治学的方法，其实也是带纪念性的。我感觉到台大的故校长——傅斯年先生，他是一个最能干、最能领导一个学校、最能够办事的人。他办过"中央研究院"，历史语言研究所。他也在我之前先代理过北大校长一年；不是经过那一年，我简直没有办法。后来做台大校长，替台大定下很好的基础。他这个人，不但是国家的一个人才，他是世界上很少见的一个多方面的天才，他的记忆力之强更是少有的。普通记忆力强的人往往不能思想；傅先生记忆力强，而且思考力非常敏锐，这种兼有记忆力和思考力的人，是世界上少见的。同时，能够做学问的人不见得能够办事，像我这样子，有时候可以在学问上做一点工作，但是碰到办事就很不行。钱校长说我当北大校长，还可以做研究工作，不是别的，只因为我不会办事。我做校长，完全是无为而治；一切事都请院长、教务长、训导长去办，我从来不过问学校的事；自己关起门来做学问。傅先生能够做学问而又富有伟大的办事能力；像这种治学方法同办事能力合在一块，更是世界上少见的。因为傅先生同我是多年的同事，多年的朋友；同时在做学问这一条路上，我们又是多年的同志。所以我今天在台大来讲治学方法，也可以说是纪念这个伟大而可惜过去得太早的朋友。

我到台大来讲治学方法，的确是很胆怯；因为我在国内教育界服务几十年，我可以告诉台大的同学们：现在台大文史的部门，就是从前也没有看见过有这样集中的人才。在历史、语言、考古方面，傅先生把历史语言研究所的人才都带到这里来，同台大原有的人才，和这几年来陆续从大陆来的人才连在一块，可以说是中国几十年来办大学空前的文史学风。我很希望，不但在文学院历史学系、语言学系、考古学系的同学们要了解台大文史人才的集中是以前从来没有过的情形，更希望台大各院各系的同学都能够明了，都能够宝贵这个机会，不要错过这个机会。就是学医、学农、学工、学法律、学社会科学的，都可以利用这个机会来打听打听这许多文史方面领袖的人才是怎样讲学，怎样研究，怎样在学问方面做工作。我不是借这个机会替台大做义务广告，我实在觉得这样的机会是很可宝贵的，所以希望诸位能够同我一样了解台大现在在文史方面的领导地位。

我看到讲台前有很多文史方面的老朋友们，我真是胆怯，因为我不是讲天文学、地质学、物理、化学，是在文史方面讲治学方法。在诸位先生面前讲这个题目真是班门弄斧了。

我预备讲三次：第一次讲治学方法的引论，第二次讲方法的自觉，第三次讲方法与材料的关系。

今天我想随便谈谈治学的方法。我个人的看法，无论什么科学——天文、地质、物理、化学等等——分析起来，都只有一个治学方法，就是做研究的方法。什么是做研究呢？就是说，凡是要去研究一个问题，都是因为有困难问题发生，要等我们去解决它；所以做研究的时候，不是悬空的研究。所有的学问，研究的动机和目标是一样的。研究的动机，总是因为发生困难，有一个问题，从前没有看到，现在看到了；从前觉得没有解决的必要，现在觉得有解决的必要的。凡是做学问，做研究，真正的动机都是求某种问题某种困难的解决；所以动机是困难，而目的是解决困难。这并不是我一个人的说法，凡是有做学问、做研究经验的人，都承认这个说法。真正说起来，做学问就是研究；研究就是求得问题的解决。所有的学问，做研究的动机是一样的，目标是一样的，所以方法也是一样的。不但是现在如此；我们研究西方的科学思想，科学发展的历史，再看看中国二千五百年来凡是合于科学方法的种种思想家的历史，知道古今中外凡是在做学问、做研究上有成绩的人，他的方法都是一样的。古今中外治学的方法是一样的。为什么是一样呢？就是因为做学问、做研究的动机和目标是一样的。从一个动机到一个目标，从发现困难到解决困难，当中有一个过程，就是所谓方法。从发现困难那一天起，到解决困难为止，当中这一个过程，可能很长，也可能很短。有的时候要几十年，几百年才能够解决一个问题；有的时候只要一个钟头就可以解决一个问题。这个过程就是方法。

刚才我说方法是一样的，方法是什么呢？我曾经有许多时候，想用文字把方法做成一个公式、一个口号、一个标语，把方法扼要地说出来；但是从来没有一个满意的表现方式。现在我想起我二三十年来关于方法的文章里面，有两句话也许可以算是讲治学方法的一种很简单扼要的话。

那两句话就是："大胆的假设，小心的求证。"要大胆的提出假设，但这种假设还得想法子证明。所以小心的求证，要想法子证实假设或者否定假设，比大胆的假设还更重要。这十个字是我二三十年来见之于文字，常常在嘴里向青年朋友们说的。有的时候在我自己的班上，我总希望我的学生们能够了解。今天讲治学方法论，可以说就是要说明什么叫做假设；什么叫做大胆的假设；怎么样证明或者否证假设。

刚才我说过，治学的方法，做研究的方法，都是基于一个困难。无论是化学、地质学、生物学、社会科学上的一个问题，都是一个困难。当困难出来的时候，本于个人的知识、学问，就不知不觉地提出假设，假定有某几种可以解决的方案。比方诸位在台湾这几年看见杂志上有讨论《红楼梦》的文章，就是所谓红学，到底《红楼梦》有什么可以研究的呢？《红楼梦》里发生了什么问题呢？普通人看《红楼梦》里面的人物，都是不发生问题的，但是有某些读者却感觉到《红楼梦》发生了问题：《红楼梦》究竟是什么意思？当时写贾宝玉、林黛玉这些人的故事有没有背景？有没有"微言大义"在里面？写了一部七八十万字的书来讲贾家的故事，讲一个纨绔子弟贾宝玉同许多漂亮的丫头、漂亮的姊妹亲戚们的事情，有什么意义没有？这是一个问题。怎么样解决这个问题呢？当然你有一个假设，他也有一个假设。

在二三十年前，我写《红楼梦考证》的时候，有许多关于《红楼梦》引起的问题的假设的解决方案。有一种是说《红楼梦》含有种族思想，书中的人物都是影射当时满洲的官员，林黛玉是暗指康熙时候历史上一个有名的男人；薛宝钗、王凤姐和那些丫头们都是暗指历史上的人物。还有一种假设说贾宝玉是指一个满洲宰相明珠的儿子叫做纳兰性德——他是一个了不起的天才很高的文学家——那些丫头、姐妹亲戚们都是代表宰相明珠家里的一班文人清客；把书中漂亮的小姐们如林黛玉、薛宝钗、王凤姐、史湘云等人都改装过来化女为男。我认为这是很不可能，也不需要化装变性的说法。

后来我也提出一个假设。我的假设是很平常的。《红楼梦》这本书，从头一回起，作者就说这是我的自传，是我亲自所看见的事体。我的假设就是说，《红楼梦》是作者的自传，是写他亲自看见的家庭。贾宝玉就是曹雪芹；《红楼梦》就是写曹家的历史。曹雪芹是什么人呢？他的父亲叫曹颙，他的祖父叫做曹寅；一家三代四个人做江宁织造，做了差不多五十年。所谓宁国府、荣国府，不是别的，就是指他们祖父、父亲、两个儿子，三代四个人把持五十多年的江宁织造的故事。书中说到，"皇帝南巡的时候，我们家里接驾四次"。如果在普通人家，招待皇帝四次是可能倾家荡产的；这些事在当时是值得一吹的。所以，曹雪芹虽然将真事隐去，仍然舍不得要吹一吹。曹雪芹后来倾家荡产做了文丐，成了叫化子的时候，还是读书喝酒，跟书中的贾宝玉一样。这是一个假设；我举出来作一个例子。

要解决"《红楼梦》有什么用意"这个问题，当然就有许多假设。提出问题求解决，是很好的事情；但要先看这些假设是否能够得到证明。凡是解决一个困难的时候，一定要有证明。我们看这些假设，有的说这本书是骂满洲人的；是满洲人统治中国的时候，汉人含有民族隐痛，写出来骂满洲人的。有的说是写当时的一个大户人家，宰相明珠家中天才儿子纳兰性德的事。有的说是写康熙一朝的政治人物。而我的假设呢？我认为这部书不是谈种族的仇恨，也不是讲康熙时候的事。都不是的！从事实上照极平常的做学问的方法，我提出一个很平常的假设，就是《红楼梦》这本书的作者在开头时说的，他是在说老实话，把他所看见的可爱的女孩子们描写出来；所以书中描写的人物可以把个性充分表现出来。方才所说的"大胆的假设"就是这种假设。我恐怕我所提出的假设只够得上小胆的假设罢了！

凡是做学问，不特是文史方面的，都应当这样。譬如在化学实验室做定性分析，先是给你一盒东西，对于这盒东西你先要做几个假设，假设某种颜色的东西是什么，然后再到火上烧烧，看看试验管发生了什么变化：这都是问题。这与《红楼梦》的解释一样的有问题；做学问的方法是一样的。我们的经验，我们的学问，是给我们一点知识以供我们提出各种假设的。所以"大胆的假设"就是人人可以提出的假设。因为人人的学问，人人的知识不同，我们当然要容许他们提出各种各样的假设。一切知识，一切学问是干什么用的呢？为什么你们在学校的这几年中有许多必修与选修的学科？都是给你们用；就是使你在某种问题发生的时候，脑背后就这边涌上一个假设，那边涌上一个假设。做学问、上课，一切求知识的事情，一切经验——从小到现在的经验，所有学校里的功课与课外的学问，为的都是供给你种种假设的来源，使你在问题发生时有假设的材料。如果遇上一个问题，手足无措，那就是学问、知识、经验，不能应用，所以看到一个问题发生，就没有法子解决。这就是学问知识里面不能够供给你一些活的材料，以为你做解决问题的假设之用。

单是假设是不够的，因为假设可以有许多。譬如《红楼梦》这一部小说，就引起了这么多假设。所以第二步就是我所谓"小心的求证"。在真正求证之先，假设一定要仔细选择选择。这许多假设，就是假定的解决方法，看哪一个假定的解决方法是比较近情理一点，比较可以帮助我们解决那个开始发生的那个困难问题。譬如《红楼梦》是讲的什么？有什么意思没有？有这么多的假定的解释来了，在挑选的时候先要看那一个假定的解释比较能帮助你解决问题，然后说：对于这一个问题，我认为我的假设是比较那个满意解决的。譬如我的关于《红楼梦》的假设，曹雪芹写的是曹家的传记，是曹雪芹所看见的事实。贾母就是曹母，贾母以下的丫头们也都是他所看见的真实人物，当然名字是改了，姓也改了。但是我提出这一个假设，就是说《红楼梦》是曹雪芹的自传，最要紧的是要求证。我能够证实它，我的假设才站得住；不能证实，它就站不住。求证就是要看你自己所提出的事实是不是可以帮助你解决那个问题。要知道《红楼梦》在讲什么，就要做《红楼梦》的考证。现在我可以跟诸位做一个坦白的自白。我做《红楼梦》考证那三十年中，曾经写了十几篇关于小说的考证，如《水浒传》《儒林外史》《三国演义》《西游记》《老残游记》《三侠五义》等书的考证。而我费了最大力量的，是一部讲怕老婆的故事的书，叫做《醒世姻缘》，约有一百万字。我整整花了五年的工夫，做了五万字的考证。也许有人要问，胡适这个人是不是发了疯呢？天下可做的学问很多，而且是学农的，为什么不做一点物理、化学有关科学方面的学问呢？为什么花多年的工夫来考证《红楼梦》《醒世姻缘》呢？我现在做一个坦白的自白，就是：我想用偷关漏税的方法来提倡一种科学的治学方法。我所有的小说考证，都是用人人都知道的材料，用偷关漏税的方法，来讲做学问的方法的。譬如讲《红楼梦》，至少我对于研究《红楼梦》问题，我对它的态度的谨严，自己批评的严格，方法的自觉，同我考据《水经注》是一样的。我对于小说材料，看做同化学问题的药品材料一样，都是材料。我拿《水浒传》《醒世姻缘》《水经注》等书做学问的材料。拿一种人人都知道的材料用偷关漏税的方法，要人家不自觉地养成一种"大胆的假设，小心的求证"的方法。

假设是人人可以提的。譬如有人提出骇人听闻的假设也无妨。假设是愈大胆愈好。但是提出一个假设，要想法子证实它。因此我们有了大胆的假设以后，还不要忘了小心的求证。比如我考证《红楼梦》的时候，我得到许多朋友的帮助，我找到许多材料。我已经印出的本子，是已经改了多少次的本子。我先要考出曹雪芹于《红楼梦》以外有没有其他著作？他的朋友和同他同时代的人有没有什么关于他的著作？他的父亲、叔父们有没有什么关于他的记载？关于他一家四代五个人，尤其是关于他的祖父曹寅，有多少材料可以知道他那时候的地位？家里有多少钱？多么阔？是不是真正能够招待皇帝到四次？我把这些有关的证据都想法找了来，加以详密的分析，结果才得到一个比较认为满意的假设，认定曹雪芹写《红楼梦》，并不是什么微言大义；只是一部平淡无奇的自传——曹家的历史。我得到这一家四代五个人的历史，就可以帮助说明。当然，我的假设并不是说就完全正确；但至少可以在这里证明"小心求证"这个功夫是很重要的。

现在我再举一个例来说明，方才我说的先是发生问题，然后是解决问题。要真正证明一个东西，才做研究。要假设一个比较最能满意的假设，来解决当初引起的问题。譬如方才说的《红楼梦》，是比较复杂的。但是我认为经过这一番的研究，经过这一番材料的收集，经过这一番把普通人不知道的材料用有系统的方法来表现出来，叙述出来，我认为我这个假设在许多假设中，比较最能满意的解答："《红楼梦》说的是什么？有什么意思？"

方才我提到一部小说，恐怕是诸位没有看过的，叫做《醒世姻缘》，差不多有一百万字，比《红楼梦》还长，可以说是中国旧小说中最长的。这部书讲一个怕老婆的故事。他讨了一个最可怕的太太。这位太太用各种方法打丈夫的父母朋友。她对于丈夫，甚至于一看见就生气，不但是打；有一次用熨斗里的红炭从她丈夫的官服圆领口倒了进去，几乎把他烧死；有一次用洗衣的棒槌打了他六百下，也几乎把他打死。把这样一个怕老婆的故事叙述了一百万字以上，结果还是没有办法解脱。为什么呢？说这是前世的姻缘。书中一小半，差不多有五分之一是写前世的事。后半部是讲第二世的故事。在前世被虐待的人，是这世的虐待者。婚姻问题是前世的姻缘，没有法子解脱的。想解脱也解脱不了。结果只能念经做好事。在现代摩登时代的眼光看，这是一个很迷信的故事。但是这部书是了不得的。用一种山东淄川的土话描写当时的人物是有一种诙谐的风趣的；描写荒年的情形更是历历如绘。这可以说是世界上一部伟大的小说。我就提倡把这部书用新的标点符号标点出来，同书局商量翻印。写这本书的人是匿名，叫西周生。西周生究竟是什么人呢？于是我做了一个大胆的假设；这个假设可以说是大胆的。（方才说的，我对于《红楼梦》的假设，可以说是小胆的假设。）我认为这部书就是《聊斋志异》的作者蒲松龄写的。我这个假设有什么证据呢？为什么引起我作这种假设呢？这个假设从哪里来的呢？平常的经验、知识、学问，都是给我们假设用的。我的证据是在《聊斋志异》上一篇题名为《江城》的小说。这个故事的内容结构与《醒世姻缘》一样。不过《江城》是一个文言的短篇小说；《醒世姻缘》是白话的长篇的小说。《醒世姻缘》所描写的男主角所以怕老婆，是因为他前世曾经杀过一个仙狐，下一世仙狐就转变为一个女人做他的太太，变得很凶狠可怕。《聊斋志异》里面的短篇《江城》所描写的，也是因为男主角杀过一个长生鼠，长生鼠也就转世变为女人来做他的太太，以报复前世的冤仇。这两个故事的结构太一样了，又同时出在山东淄川，所以我就假设西周生就是蒲松龄。我又用语言学的方法，把书里面许多方言找出来。运气很好，正巧那几年国内发现了蒲松龄的几部白话戏曲，尤其是长篇的戏曲，当中有一篇是将《江城》的故事编写成白话戏曲的。我将这部戏曲里的方言找出来，和《醒世姻缘》里面的方言详细比较，有许多特别的字集成为一个字典，最后就证明《醒世姻缘》和《江城》的白话戏曲的作者是同一个小区域里的人。再用别的方法来证明那个时代的荒年；后来从历史的记载里得到了同样的结论。考证完了以后，就有书店来商量印行，并排好了版。我因为想更确实一点，要书局等一等；一等就等了五年。到了第五年才印出来。当时傅先生很高兴——因为他是作者的同乡，都是山东人。我举这一个例，就是说明要大胆的假设，而单只假设还是不够的。后来我有一个在广西桂县的学生来了封信，告诉我说，这个话不但你说，从前已经有人说过了。乾隆时代的鲍廷博，他说留仙（蒲松龄）除了《聊斋志异》以外，还有一部《醒世姻缘》。因鲍廷博是刻书的，曾刻行《聊斋志异》。他说的话值得注意。我经过几年的间接证明，现在至少有个直接的方法帮助我证明了。

　　我所以举这些例，把这些小说当成待解决的问题看，目的不过是要拿这样人人都知道的材料，来灌输介绍一种做学问的方法。这个方法的要点，就是方才我说的两句话："大胆的假设，小心的求证。"如果一个有知识、有学问、有经验的人遇到一个问题，当然要提出假设，假定的解决方法。最要紧的是还要经过一番小心的证实，或者否证它。如果你认为证据不充分，就宁肯悬而不决，不去下判断，再去找材料。所以小心的求证很重要。

　　时间很短促，最后我要引用台大故校长傅先生的一句口号，来结束这次讲演。他这句口号是在民国十七年开办历史语言研究所时的两句名言，就是"上穷碧落下黄泉，动手动脚找东西"。这两句话前一句是白居易《长恨歌》中的一句，后一句是傅先生加上的。今天傅校长已经去世，可是今天在座的教授李济之先生却还大为宣传这个口号，可见这的确是我们治学的人应该注意的。假设人人能提，最要紧的是能小心的求证；为了要小心的求证，就必须："上穷碧落下黄泉，动手动脚找东西。"今天讲的很浅近，尤其是在座有许多位文史系平常我最佩服的教授，还请他们多多指教。

（1952年12月1日）

第二讲　方法的自觉

钱校长，各位先生，各位同学：

上次我在台大讲治学方法的引论，意思说我们须把科学的方法——尤其是科学实验室的态度——应用到文史和社会科学方面。治学没有什么秘诀；有的话，就是："思想和研究都得要注重证据。"所以我上次提出"大胆的假设，小心的求证"两句话作为治学的方法，后来钱校长对我说：学理、工、农、医的人应该注重在上一句话"大胆的假设"，因为他们都已比较的养成了一种小心求证的态度和习惯了；至于学文史科学和社会科学的人，应该特别注重下一句话"小心的求证"，因为他们没有养成求证的习惯。钱校长以为这两句话应该有一种轻重的区别：这个意思，我大体赞成。

今天我讲治学方法第二讲：方法的自觉。单说方法是不够的；文史科学和社会科学的错误，往往由于方法的不自觉。方法的自觉，就是方法的批评；自己批评自己，自己检讨自己，发现自己的错误，纠正自己的错误。做科学实验室工作的人，比较没有危险，因为他随时随地都有实验的结果可以纠正自己的错误。他假设在某种条件之下应该产生某种结果；如果某种条件具备而不产生某种结果，这就是假设的错误。他便毫不犹豫地检讨错误在什么地方，重新修正。所以他可以随时随地地检讨自己，批评自己，修正自己，这就是自觉。

但我对钱校长说的话也有一点修正。做自然科学的人，做应用科学的人，学理、工、农、医的人，虽然养成了科学实验室的态度，但是他们也还是人，并不完全是超人，所以也不免有人类通有的错误。他们穿上实验室的衣服，拿上了试验管、天平、显微镜，做科学实验的时候，的确是很严格的。但是出了实验室，他们穿上了礼拜堂的衣服，就完全换了一个态度；这个时候，他们就不一定能够保持实验室的"大胆的假设，小心的求证"的态度。一个科学家穿上礼拜的衣服，方法放假了，思想也放假了；这是很平常的事。我们以科学史上很有名的英国物理学家洛奇先生（Sir Oliver Lodge）为例。他在物理学上占很高的地位；当他讨论到宗教信仰问题的时候，就完全把科学的一套丢了。大家都知道他很相信鬼。他谈到鬼的时候，就把科学实验室的态度和方法完全搁开。他要同鬼说话、同鬼见面。他的方法不严格了，思想也放假了。

真正能够在实验室里注重小心求证的方法，而出了实验室还能够把实验室的态度应用到社会问题、人生问题、道德问题、宗教问题的——这种人很少。今天我特别要引一个人的话作我讲演的材料：这人便是赫胥黎（T.H.Huxley）。他和达尔文二人，常常能够保持实验室的态度，严格地把这个方法与态度应用到人生问题和思想信仰上去。1860年，赫胥黎最爱的一个儿子死了。他有一个朋友，是英国社会上很有地位的文学家、社会研究家和宗教家，名叫金司莱（Charles Kinsley）。他写了一封信安慰赫胥黎，趁这个机会说："你在最悲痛的时候，应该想想人生的归宿问题吧！应该想想人死了还有灵魂，灵魂是不朽的吧！你总希望你的儿子，不是这么死了就了了。你在最哀痛的时候，应该考虑考虑灵魂不朽的问题呵！"因为金司莱的地位很高，人格是很可敬的，所以赫胥黎也很诚恳地写了一封长信答复他。这信里面有几句话，值得我引来作讲方法自觉的材料。他说："灵魂不朽这个说法，我并不否认，也不承认，因为我找不出充分的证据来接受它。我平常在科学室里的时候，我要相信别的学说，总得要有证据。假设你金司莱先生能够给我充分的证据，同样力量的证据，那么，我也可以相信灵魂不朽这个说法。但是，我的年纪越大，越感到人生最神圣的一个举动，就是口里说出和心里觉得'我相信某件事物是真的'；我认为说这一句话是人生最神圣的一个举动，人生最大的报酬和最大的惩罚都跟着这个神圣的举动而来的。"赫胥黎是解剖学专家。他又说："假如我在实验室做解剖、做生理学试验的时候，遇到一个小小的困难，我必须要严格的不信任一切没有充分证据的东西，我的工作才可以成功。我对于解剖学或者生理学上小小的困难尚且如此，那么，我对人生的归宿问题，灵魂不朽问题，难道可以放弃我平常的立场和方法吗？"我在好几篇文章里面常常引到这几句话。今天摘出来作为说方法自觉的材料。赫胥黎把嘴里说出来，心里觉得"我相信某件事物是真的"这件事，看作人生最神圣的一种举动。无论是在科学上的小困难，或者是人生上的大问题，都得要严格的不信任一切没有充分证据的东西：这就是科学的态度，也就是做学问的基本态度。

在文史方面和社会科学方面的研究，还没有能够做到这样严格。我们以美国今年的大选同四年前的大选来做说明。1948年美国大选有许多民意测验研究所，单是波士顿一个地方就有七个民意测验研究所。他们用社会科学家认为最科学的方法来测验民意。他们说：杜鲁门一定失败，杜威一定成功。到了选举的时候，杜鲁门拿到总投票百分之五十点四，获得了胜利。被社会科学家认为最科学、最精密的测验方法，竟告不灵；弄得民意测验研究所的人，大家面红耳赤，简直不敢见人，几乎把方法的基础都毁掉了。许多研究社会科学、自然科学、统计学的朋友说，不要因为失败，就否认方法；这并不是方法错了，是用方法的人不小心，缺乏自觉的批评和自觉的检讨。今年美国大选，所有民意测验机构都不敢预言谁能得胜了；除了我们平时不挂"民意测验"、"科学方法"招牌的人随便谈的时候还敢说"我相信艾森豪会得胜"外，连报纸专栏作家和社论专家都不敢预言，都说今年大选很不容易推测。结果，艾森豪获得了百分之五十五的空前多数。为什么他们的测验含有这样的错误呢？他们是向每一个区域，每一类有投票权的人征询意见，把所得到的结果发表出来，比方今年，有百分之四十九的人赞成共和党艾森豪，百分之四十七赞成民主党史蒂文生，还有百分之四没有意见，1948年的选举，百分之五十点四便可以胜利——其实百分之五十点一就够了，百分之五十点〇〇一也可以胜利。所以这百分之四没有表示意见的人，关系很大。在投票之前，他们不表示意见，当投票的时候，就得表示意见了。到了这个时候，不说百分之一，就是千分之一也可以影响全局。没有计算到这里面的变化，就容易错误了。以社会科学最精密的统计方法，尚且有漏洞，那么，在文史的科学上面，除了考古学用实物做证据以及很严格的历史研究之外，普通没有受过科学洗礼的人，没有严格的自己批评自己的人，便往往把方法看得太不严格，用得太松懈了。

有一个我平常最不喜欢举的例子，今天我要举出来简单地说一说。社会上常常笑我，报纸上常常挖苦我的题目。就是《水经注》的案子。为什么我发了疯，花了五年多的功夫去研究《水经注》这个问题呢？我得声明，我不是研究《水经注》本身。我是重审一百多年的《水经注》的案子。我花五年的功夫来审这件案子，因为一百多年来，有许多有名的学者，如山西的张穆、湖南的魏源、湖北的杨守敬和做了许多地理学说为现代学者所最佩服的浙江王国维以及江苏的孟森，他们都说我所最佩服的十八世纪享有盛名的考古学者、我的老乡戴震（东原）先生是个贼，都说他的《水经注》的工作是偷了宁波全祖望、杭州赵一清两个人的《水经注》的工作的。说人家做贼，是一件大事，是很严重的一件刑事控诉。假如我的老乡还活着的话，他一定要提出反驳，替自己辩白。但是，他是1777年死的，到现在已经死了一七五年，骨头都烂掉了，没有法子再跑回来替自己辩护。而这一班大学者，用大学者的威权，你提出一些证据，他提出一些证据，一百多年来不断的提出证据——其实都不是靠得住的证据——后来积非成是，就把我这位老乡压倒了，还加上很大的罪名，说他做贼，说他偷人家的书来做自己的书。一般读书的人，都被他们的大名吓倒了，都相信他们的"考据"，也就认为戴震偷别人的书，已成定论，无可疑了。我在九年前，偶然有一点闲工夫，想到这一位老乡是我平常最佩服的，难道他是贼吗？我就花了六个月的时间，把他们几个人提出的一大堆证据拿来审查，提出了初步的报告。后来觉得这个案子很复杂，材料太多，应该再审查。一审就审了五年多，才把这案子弄明白；才知道这一百多年的许多有名的学者，原来都是糊涂的考证学者。他们太懒，不肯多花时间，只是关起大门考证，随便找几条不是证据的证据，判决一个死人做贼；因此构成了一百多年来一个大大的冤狱！

我写了一篇关于这个案子的文章，登在美国国会图书馆的刊物上。英美法系的证据法，凡是原告或检察官提出来的证据，经过律师的辩论，法官的审判，证据不能成立的时候，就可以宣告被告无罪。照这个标准，我只要把原告提出来的证据驳倒，我的老乡戴震先生就可以宣告无罪了，但是当我拿起笔来要写中文的判决书，就感觉困难。我还得提出证据来证明戴震先生的确没有偷人家的书，没有做贼。到这个时候，我才感到英美法系的证据法的标准，同我们东方国家的标准不同。于是我不但要作考据，还得研究证据法。我请教了好几位法官：中国证据法的原则是什么？他们告诉我：中国证据法的原则只有四个字，就是"自由心证"。这样一来，我证明原告的证据不能成立，还不够，还得要做侦探，到处搜集证据；搜了五年，才证明我的老乡的确没有看见全祖望、赵一清的《水经注》。没有机会看到这些书，当然不会偷了这些书，也就没有做贼了。

我花了五年的工夫得着这个结论；我对于这个案件的判决书就写出来了。这虽然不能当作专门学问看，至少也可以作为文史考证的方法。我所以要做这个工作，并不是专替老乡打抱不平，替他做律师，做侦探。我上次说过，我借着小说的考证，来解说治学的方法。同样的，我也是借《水经注》一百多年的糊涂官司，指出考证的方法。如果没有自觉的批评、检讨、修正，那就很危险。根据五年研究《水经注》这个案子的经验，我认为做文史考据的人，不但要时时刻刻批评人家的方法，还要批评自己的方法。不但要调查人家的证据，还得要调查自己的证据。五年的审判经验，给了我一个教训。为什么这些有名的考证学者会有这么大的错误呢？为什么他们会冤枉一位死了多年的大学者呢？我的答案是：这些做文史考据的人，没有自觉的方法。刚才说过，自觉就是自己批评自己，自己检讨自己，自己修正自己。这是最重要的一点。在文史科学、社会科学方面，我们不但要小心的求证，还得要批评证据。

自然科学家就不会有这种毛病；因为他们在实验室的方法就是一种自觉的方法。所谓实验，就是用人工造出证据来证明一个学说、理论、思想、假设。比方天然界的水，不能自然的分解成氢气和氧气。化学家在做实验的时候，可以用人工把水分成氢气和氧气各为若干成分。天然界不存在的东西，看不见的形状，科学家在实验室里面用人工使他们产生出来。以证明某种假设：这就是所谓实验，文史科学、社会科学没有法子创造证据。我们的证据全靠前人留下来的；留在什么地方，我们就到什么地方去找。不能说找不到便由自己创造出一个证据来。如果那样，就是伪证，是不合法的。

我们既然不能像自然科学家一样，用实验的方法来创造证据，那么，怎么办呢？除了考古学家还可以从地下发掘证据以外，一般文史考证，只好在这本书里头去发现一条，在那本书里面去发现一条，来作为考证的证据。但是自己发现的证据，往往缺乏自己检讨自己的方法。怎么样才可以养成方法的自觉呢？今天我要提出一个答案；这个答案是我多年以来常常同朋友们谈过，有时候也见诸文字的。中国的考证学，所谓文史方面的考证，是怎么来的呢？我们的文史考证同西方不一样。西方是先有了自然科学。自然科学的方法已经应用了很久，并且已经演进到很严格的地步了，然后才把它应用到人文科学方面；所以他们所用的方法比较好些。我们的考证学已经发达了一千年，至少也有九百年，或者七百年的历史了。从宋朝朱子（殁于西历1200年）以来，我们就已经有了

所谓穷理、格物、致知的学问，却没有自然科学的方法。人家
西方是从自然科学开始；我们是从人文科学开始。我们从朱子
考证《尚书》、《诗经》等以来，就已经开了考证学的风气；
但是他们怎么样得到考据的方法呢？他们所用的考证、考据这
些名词，都是法律上的名词。中国的考据学的方法，都是过去
读书人做了小官，在判决官司的时候得来的。在唐宋时代，一
个中了进士的人，必须先放出去做县尉等小官。他们的任务就
是帮助知县审判案子，以训练判案的能力。于是，一般聪明的
人，在做了亲民的小官之后，就随时诚诚恳恳地去审判人民的
诉讼案件；久而久之，就从判案当中获得了一种考证、考据
的经验。考证学就是这样出来的。我们讲到考证学，讲到方
法的自觉，我提议我们应参考现代国家法庭的证据法（Law of
Evidence）。在西方证据法发达的国家，尤其是英美，他们的
法庭中，都采用陪审制度，审案的时候，由十二个老百姓组成
陪审团，听取两边律师的辩论。在陪审制度下，两造律师都要
提出证人证物；彼此有权驳斥对方的证人证物。驳来驳去，许
多证人证物都因此不能成立，或者减少了作证的力量。同时因
为要顾到驳斥的关系，许多假的、不正确的和不相干的证据，
都不能提出来了。陪审员听取两边的辩驳之后，开会判断谁有
罪，谁无罪。然后法官根据陪审员的判断来定罪。譬如你说某
人偷了你的表，你一定要拿出证据来。假如你说因为昨天晚上
某人打了他的老婆，所以证明他偷了你的表；这个证明就不能
成立。因为打老婆与偷表并没有关系。你要把这个证据提出来

打官司，法官就不会让你提出来。就是提出来也没有力量。就算你修辞很好，讲得天花乱坠，也是没用的。因为不相干的证据不算是证据。陪审制度允许两边律师各驳斥对方的证据，所以才有今天这样发达的证据法。

我们的考据学，原来是那些早年做小官的人，从审判诉讼案件的经验中学来的一种证据法。我今天的提议，就是我们做文史考据的人，用考据学的方法，以证据来考订过去的历史的事实，以证据来批判一件事实的有无、是非、真假。我们考证的责任，应该同陪审员或者法官判决一个罪人一样，有同等的严重性。我们要使得方法自觉，就应该运用证据法上允许两造驳斥对方所提证据的方法，来作为我们养成方法自觉的一种训练。如果我们关起门来做考据，判决这个人做贼，那个人是汉奸，是贪官污吏，完全用自己的判断来决定天下古今的是非、真伪、有无；在我们的对面又没有律师来驳斥我们：这样子是不行的。我们要假定有一个律师在那里，他随时要驳斥我们的证据，批评我们的证据是否可靠。要是没有一个律师在我们的面前，我们的方法就不容易自觉，态度也往往不够谨慎，所得的结论也就不够正确了。所以，我们要养成自觉的习惯，必须树立两个自己审查自己的标准：

第一，我们要问自己：你提出的这个证人可靠吗？他有做证人的资格吗？你提出来的证物可靠吗？这件证物是从哪里来的？这个标准是批评证据。

第二，我们还要问自己：你提出的这个证人或者证物是要证明本案的哪一点？譬如你说这个人偷了你的表，你提的证据却是他昨天晚上打老婆；这是不相干的证据，这不能证明他偷了你的表。像这种证据，须要赶出法庭之外去。

要做到方法的自觉，我觉得唯一的途径，就是自己关起门来做考据的时候，就要如临师保，如临父母。我们至少要做到上面所提的两个标准：一要审查自己的证据可靠不可靠；二要审查自己的证据与本案有没有相干。还要假定对方有一个律师在那里，随时要驳斥或者推翻我们的证据。如果能够做到这样，也许可以养成我开始所讲的那个态度，就是要严格地不信任一切没有充分证据的东西，这就是我的提议。

最后，我要简单说一句话：要时时刻刻自己检讨自己，以养成做学问的良好习惯。台大的钱校长和许多研究自然科学、历史科学的人可以替我证明：科学方法论的归纳法、演绎法，教你如何归纳、如何演绎，并不是养成实验室的态度。实验室的态度，是天天在那里严格地自己检讨自己，创造证据来检讨自己；在某种环境之下，逼得你不能不养成某种好习惯。

刚才我说的英国大科学家洛奇先生，在实验室是严格的，出了实验室就不严格了。大科学家尚且如此！所以我们要注意，时时刻刻保持这种良好的习惯。

科学方法是怎么得来的呢？一个人有好的天资、好的家庭、好的学校、好的先生，在极好的环境中，就可以养成了某种好的治学的习惯，也可以说是养成了好的做人的习惯。

比如明朝万历年间福建陈第先生，用科学方法研究中国的古音，证明衣服的"服"字古音读"逼"。他从古书里面，举出二十个证据来证明。过了几十年，江苏昆山的一个大思想家，也是大考据家，顾亭林先生，也做同样的考证；他举出一百六十二个证据来证明"服"字古音"逼"。那个时候，并没有归纳法、演绎法，但是他们从小就养成了某种做学问的好习惯。所以，我们要养成方法的自觉，最好是如临师保，如临父母，假设对方有律师在打击我，否认我所提出的一切证据。这样就能养成良好的习惯。

宋人笔记中记有一个少年的进士问同乡老前辈："做官有什么秘诀？"那个老前辈是个参政（副宰相），约略等于现在的"行政院"的"副院长"，回答道："做官要勤、谨、和、缓。"后人称为"做官四字诀"。我在小孩子的时候，就听到这个故事；当时没有注意。从前我们讲治学方法，讲归纳法、演绎法；后来年纪老一点了，才晓得做学问有成绩没有，并不在于读了"逻辑学"没有，而在于有没有养成"勤、谨、和、缓"的良好习惯。这四个字不但是做官的秘诀，也是良好的治学习惯。现在我把这四个字分别说明，作为今天讲演的结论。

第一，勤。勤就是不躲懒，不偷懒。我上次在台大讲演，提到台大前校长傅斯年先生两句口号："上穷碧落下黄泉，动手动脚找东西。"那就是勤。顾亭林先生的证明"服"字古音是"逼"，找出一百六十二个证据，也是勤。我花了几年的工夫来考证《醒世姻缘》的作者；又为"审判"《水经注》的案子，上天下地去找材料，花了五年多的工夫；这都是不敢躲懒的意思。

第二，谨。谨就是不苟且、不潦草、不拆烂污。谨也可以说是恭敬的"敬"。孔子说"执事敬"，就是教人做一件事要郑重的去做，不可以苟且。他又说"出门如见大宾，使民如承大祭。"都是敬事的意思。一点一滴都不苟且，一字一笔都不放过，就是谨。谨，就是"小心求证"中的"小心"两个字。

刚才我引了赫胥黎的两句话："人生最神圣的一件举动就是嘴里说出和心里觉得'我相信某件事物是真的'。"判断某人做贼，某人卖国，要以神圣的态度作出来；嘴里说这句话，心里觉得"相信是真的"。这真是要用孔夫子所谓"如见大宾，如承大祭"的态度的。所以，谨就是把事情看得严谨，神圣；就是谨慎。

第三，和。和是虚心，不武断，不固执己见，不动火气。做考据，尤其是用证据来判断古今事实的真伪、有无、是非，不能动火气。不但不正当的火气不能动，就是正义的火气也动不得。做学问要和平、虚心。动了肝火，是非就看不清楚。赫胥黎说："科学好像教训我们：你最好站在事实的面前，像一个小孩子一样；要愿意抛弃一切先人的成见，要谦虚的跟着事实走，不管它带你到什么危险的境地去。"这就是和。

第四，缓。宋人笔记：当那位参政提出"缓"字的时候，那些性急的人就抗议说缓要不得；不能缓。缓，是很要紧的。就是叫你不着急，不要轻易发表，不要轻易下结论；就是说"凉凉去吧！搁一搁、歇一歇吧！"凡是证据不充分或不满意的时候，姑且悬而不断，悬一年两年都可以。悬并不是不管，而是去找新材料。等找到更好的证据的时候，再来审判这个案子。这是最重要的一点。许多问题，在证据不充分的时候，绝对不可以下判断。达尔文有了生物进化的假设以后，搜集证据，反复实验，花了二十年的工夫，还以为自己的结论没有到了完善的地步，而不肯发表。他同朋友通信，曾讨论到生物的演化是从微细的变异积累起来的，但是总不肯正式发表。后来到了1858年，另外一位科学家华立氏（Wallace）也得到了同样的结论，写了一篇文章寄给达尔文；要达尔文代为提出。达尔文不愿自己抢先发表而减低华立氏发现的功绩，遂把全盘事情交两位朋友处理。后来这两位朋友决定，把华立氏的文章以及达尔文在1857年写给朋友的信和在1844年所作理论的撮要同时于1858年7月1日发表。达尔文这样谦让，固然是盛德，但最重要的是他给了我们一个"缓"的例子。他的生物进化论，因为自己觉得证据还没有十分充足，从开始想到以后，经过二十年还不肯发表：这就是缓。我以为"缓"字很重要。如果不能缓，也就不肯谨，不肯勤，不肯和了。

我今天讲的都是平淡无奇的话。最重要的意思是：做学问要能够养成"勤、谨、和、缓"的好习惯；有了好习惯，当然就有好的方法，好的结果。

（1952年12月5日）

第三讲　方法与材料

钱校长，各位先生，各位同学：

　　在三百多年以前，英国有一位哲学家叫做培根（Francis Bacon）。他可以说是鼓吹方法论革命的人。他有一个很有趣的譬喻；他将做学问的人运用材料比做三种动物。第一种人好比蜘蛛。他的材料不是从外面找来，而是从肚里面吐出来的。他用他自己无穷无尽的丝做成很多很好看的蜘蛛网。这种人叫做蜘蛛式的做学问的人。第二种人好比蚂蚁。他也找材料，但是找到了材料不会用，而堆积起来；好比蚂蚁遇到什么东西就背回洞里藏起来过冬，但是他不能够自己用这种材料做一番制造的工夫。这种做学问的人叫做蚂蚁式的学问家。第三种人可宝贵了，他们好比蜜蜂。蜜蜂飞出去到有花的地方，采取百花的精华；采了回来，自己又加上一番制造的工夫，成了蜜糖。培根说，这是做学问人的最好的模范——蜜蜂式的学问家。我觉得这个意思，很可以作为我今天讲"方法与材料"的说明。

　　在民国十七年（西历1928年），台大前任校长傅斯年先生同我两个人在同一年差不多同时发表了两篇文章。他那时候并没有看见我的文章，我也没有看见他的文章。事后大家看见了，都很感兴趣，因为都是同样的注重在方法与材料之间的关系。傅先生那篇文章题目是《中央研究院历史语言研究所工作旨趣》。我那篇文章的题目是《治学的方法与材料》，那是特别提倡扩大研究的材料的范围，寻求书本以外的新材料的。

民国十五年，我第一次到欧洲，是为了去参加英国对庚子赔款问题的一个会议。不过那时候我还有一个副作用（我自己认为是主要的作用），就是我要去看看伦敦、巴黎两处所藏的史坦因（Stein）、伯希和（Pelliot）两位先生在中国甘肃省敦煌所偷去的敦煌石室材料。诸位想都听见过敦煌材料的故事；那是最近五十多年来新材料发现的一个大的来源。

在敦煌有一个地方叫千佛洞，是许多山洞。在这些山洞里面造成了许多庙，可以说是中古时期的庙。其中有一个庙里面有一个藏书楼——书库，原来是藏佛经的书库，就是后来报上常提起的"敦煌石室"。在这个书库里面藏有许多卷子——从前没有现在这样的书册，所有的书都是卷子。每一轴卷子都是把许多张纸用一种很妙的粘法连起来的。很妙的粘法！经过一千多年都不脱节，不腐蚀。这里面大概有一万多中国中古时代所写的卷子。有许多卷子曾由当时抄写的人写下了年月。照所记的年代看起来，早晚相去约为六百年的长时期。我们可以说石室里面所藏的都是由五世纪初到十一世纪时的宝贝。这里面除了中国文字的经以外，还有一些少数的外国文字的材料。敦煌是在沙漠地带，从前叫做沙洲，地方干燥，所以纸写的材料在书库里面经过了一千多年没有损坏。但是怎样能保存这么久没有被人偷去抢去呢？大概到了十一世纪的时候，敦煌有一个变乱，敦煌千佛洞的和尚都逃了。在逃走之前，把石室书库外面的门封起来。并且在上面画了一层壁画，所以不留心的人不知道壁画里面是门，门里面有书库，书库里面有一万多卷的宝贝。变乱经过很长的时期。平静了以后，千佛洞的和尚死的死了，老的老了，把书库这件事也忘了。这样便经过一个从十一世纪到十九世纪末年的长时期。到了清末光绪庚子年，那时候中国的佛教已经衰败，敦煌千佛洞里面和尚没有了，住上了一个老道，叫王老道。有一天他要重整庙宇，到处打扫打扫；扫到石室前面，看到壁画后面好像有一个门；他就把门敲开，发现里面是一大堆佛经。这一个王老道是没有知识的，发现了这一大堆佛经后，就告诉人说那是可以治病的。头痛的病人向他求医，他就把佛经撕下来一些烧了灰，给病人吞下，说是可以治头痛。王老道因此倒发了一笔小财。到了西历1907年，英国探险家史坦因在印度组织了一个中亚细亚探险队，路过甘肃，听到了古经治病的传说，他就跑到千佛洞与王老道嘀咕嘀咕勾搭上了。只花了七十两银子，向王老道装了一大车的宝贝材料回到英国去。这一部分在英国伦敦大英博物馆内存着。史坦因不懂得中国文字，所以他没有挑选，只装了一大车走了。到了第二年——西历1908年——法国汉学家，一个了不得的东方学家伯希和，他听说这回事，就到了中国，跑到王老道那里，也和王老道嘀咕嘀咕，没有记载说他花了多少钱，不过王老道很佩服他能够看得懂佛经上的中外文字，于是就让他拿。但是伯希和算盘很精，他要挑选；王老道就让他挑。所以他搬去的东西虽然少一点，但是还是最精粹的。伯希和挑了一些有年月材料以及一些外文的材料，和许多不认识的梵文的经典，后来就从这些东西里面，发现很重要的中文以外的中亚细亚的文字。这一部分东西，现藏在法国国家图书馆。这是第二部分。伯希和很天真，他从甘肃路过北京时，把在敦煌所得的材料，向中国学者请教。中国的学者知道这件事，就报告政府。那时候的学部——教育部的前身——并没有禁止。任伯希和把他所得材料运往法国了。只是打电报给甘肃，叫他们把所有石室里剩余的经卷都运到北京。那些卷子有的长达几丈，有的又很短。到这时候，大家都知道石室的古经是宝贝了。于是在路上以及起装之前，或起装当中，大家偷的偷，夹带的夹带。有时候点过了多少件，就有人将长的剪开凑数。于是这些宝贝又短了不少。运到北京后，先藏在京师图书馆。后来改藏在北平图书馆。这是第三部分。第四部分就是散在民间的。有的藏在中国学者手里，有的在中国的各处图书馆中，有的在私人收藏家手中，有的流落到日本人手中。这是第四部分。在一万多卷古经卷里面，只有一本是刻本的书，是一本《金刚经》，是在第一批被史坦因运到英国去了。那上面注有年代，是唐懿宗年间（西历868年）。这是世界上最早的有日子可以确定的刻本书。此外都是卷子，大概在伦敦有五千多卷，在巴黎有三千多卷，在北平的有六千多卷，散在中国与日本民间收藏家手中的不到一百卷。

那时候（民国十五年）我正在研究中国佛教史——中国哲学史、中国思想史的一部分。我研究到唐朝禅宗的时候，想写一部禅宗史。动手写不到一些时候，就感觉到这部书写不下去，就是因为材料的问题。那个时候我觉得我在中国所能够找到的材料，尤其是在十一世纪以后的，都是经过宋人窜改过的。在十一世纪以前，十世纪末叶的《宋高僧传》里面，偶然有几句话提到那个时代唐朝禅宗开始的几个大师的历史，与后来的历史有不同的地方。这个材料所记载的禅宗历史中，有一个最重要的和尚叫做神会。据我那时候所找到的材料的记载，这个神会和尚特别重要。

禅宗的历史是怎么样起来的呢？唐朝初年，在广东的韶州（现在的韶关），有一个不认识字的和尚名叫慧能。这个和尚在南方提倡一种新的佛教教义，但是因为这个和尚不大认识字，他也没有到外边去传教，就死在韶州，所以还是一个地方性的新的佛教运动。但是慧能有一个徒弟，就是上面所讲的那个神会和尚。神会在他死后，就从广东出发北伐——新佛教运动的北伐，一直跑到河南的滑台。他在滑台大云寺的大庭广众中，指责当时在长安京城里面受帝王崇拜的几个大师都是假的。他说："他们代表一种假的宗派。只有我那个老师，在广东韶州的不认识字的老师慧能，才是真正得到嫡派密传的。"慧能是一个獦獠——南方的一个民族。他说："从前印度的达摩到中国来，他开了一个新的宗派，有一件袈裟以为法信。这件袈裟自第一祖达摩传给第二祖，第二祖传给第三祖，第三祖传给第四祖，第四祖传给第五祖，都以袈裟为证。到了第五祖，宗派展开了，徒弟也多了，我的老师，那个不认识字的獦獠和尚，本是在第五祖的厨房里舂米的。但是第五祖觉得他懂得教义了，所以在半夜里把慧能叫去，把法的秘密传给他，同时把传法的袈裟给他作为记号。后来他就偷偷出去到南方传布教义。所以我的老师才是真正嫡派的佛教的领袖第六祖。他已经死了。我知道他半夜三更接受袈裟的故事。现在的所谓'两京法祖、三帝国师'（两京就是东京洛阳、西京长安；三帝就是武则天和中宗、睿宗），在朝廷受崇拜的那些和尚，都是假的。他们没有得到袈裟，没有得到秘密；都是冒牌的宗派。"神会这种讲演，很富有神秘性；听的人很多。起初在滑台，后来有他有势力的朋友把他弄到东京洛阳。他还是指当时皇帝所崇拜的和尚是假的，是冒牌的。因为他说话时，年纪也大了，口才又好，去听的人比今天还多。但是皇帝崇拜的那些和尚生气了，又因为神会说的故事的确动人，也感觉到可怕，于是就说这个和尚妖言惑众，谋为不轨，奏准皇帝，把神会流放充军。从东京洛阳一直流放到湖北。三年当中，换了三处地方，过着被贬逐的生活。但是在第三年的时候，安禄山造反，把两京都拿下了；唐明皇跑到四川。这时候由皇帝的一个太子在陕西、甘肃的边境灵武，组织一个临时政府，指挥军队，准备平定乱事。那时最重要的一件事，就是筹款解决财政问题。有这么多的军队，而两京又都失陷，到哪里去筹款呢？于是那时候的财政部长就想出一个方法，发钞票——这个钞票，不是现在我们用的这种钞票，而是和尚尼姑必须取得的度牒。《水浒传》中，鲁智深杀了人，逃到赵员外家里；赵员外就为他买了度牒，让他做和尚。也就是这种度牒。——但是这个度牒，一定要有人宣传，才可以倾销。必须举行一个会，由很能感动人的和尚去说法，感动了许多有钱的人，这种新公债才有销路。就在那时候，被放逐三年的神会和尚跑了回来；而那些曾受皇帝崇拜的和尚们都已经跑走，投降了，靠拢了。神会和尚以八十岁的高龄回来，说："我来为国报效，替政府推销新的度牒。"据我那时候找到的材料的记载，这个神会和尚讲道的时候，有钱的人纷纷出钱，许多女人们甚至把耳环、戒指都拿下来丢给他；没有钱的就愿意做和尚、做尼姑。于是这个推销政府新证券的办法大为成功。对于郭子仪、李光弼收复两京的军事，神会和尚筹款的力量是一个大帮助。当初被政府放逐的人，现在变成了拥护政府帮忙立功的大和尚。祸乱平定以后，皇帝就把他请到宫里去，叫工部赶快给神会和尚建造禅寺。神会死时，已九十多岁；替政府宣传时，已将近九十岁了。神会和尚不但代表新佛教北伐，做了北伐总司令，而且做了政府里面的公债推销委员会的主席。他功成身死以后，当时的皇帝就承认他为禅宗第七祖。当然他的老师，那个南方不认识字的獦獠和尚是第六祖了。那时候我得到的材料是如此。

　　神会虽然有这一段奋斗的历史，但在过了一二百年以后，他这一派并没有多少人。别的冒牌的人又都起来，个个都说是慧能的嫡派。神会的真正嫡派，在历史上没有材料了。所以当我在民国十五年到欧洲去的时候的副作用，就是要去找没有经过北宋人涂改过的真正的佛教史料。因为我过去搜集这些材料时，就知道有一部分材料在日本，另一部分也许还在敦煌石室里面保存。为什么呢？方才讲过，敦煌的卷子，是从五世纪起到十一世纪的东西。这六百多年恰巧包括我要找的时期，且在北宋人涂改史料以前；而石室里的材料，又差不多百分之九十九点九都是佛教材料。所以我要到伦敦、巴黎去，要找新的关于佛教的史料，要找神会和尚有没有留了什么东西在敦煌石室书库里面。这就是我方才说的副作用。到了英国，先看看大英博物院，头一天一进门就看见一个正在展览的长卷子，就是我要找的有关材料。后来又继续找了不少。我到法国的时候，傅斯年先生听说我在巴黎，也从德国柏林赶来。我们两个人同住在一个地方，白天在巴黎的国家图书馆看敦煌的卷子，晚上到中国馆子吃饭，夜间每每谈到一两点钟。现在回忆起当时一段生活，实在是很值得纪念的。在巴黎国家图书馆不到三天，就看见了一段没有标题的卷子。我一看，知道我要的材料找到了；那就是神会的语录，他所说的话和所做的事。卷子里面常提到"会"；虽然那还是没有人知道过，我一看就知道是神会，我走了一万多里路，从西伯利亚到欧洲，要找禅宗的材料；到巴黎不到三天就找到了。过了几天，又发现较短的卷子，毫无疑义的又是与神会有关的。后来我回到英国，住了较长的时期，又发现一个与神会有关的卷子。此外还有与那时候的禅宗有关系的许多材料。我都照了像带回国来。四年之后，我在上海把它整理出版，题为《神会和尚遗集》。我又为神会和尚写了一万多字的传记。这就是中国禅宗北伐的领袖神会和尚的了不得的材料。我在巴黎发现这些材料的时候，傅先生很高兴。

我所以举上面这个例子，目的是在说明材料的重要。以后我还要讲一点同类的故事——加添新材料的故事。我们用敦煌石室的史料来重新撰写了禅宗的历史，可以说是考据禅宗最重要的一段。这也是世界所公认的。现在有法国的哲学家把我发现后印出来的书全部译成法文，又拿巴黎的原本与我编的校看一次。美国也有人专研究这一题目，并且也预备把这些材料译成英文。因为这些材料至少在中国佛教历史上是新的材料，可以纠正过去的错误，而使研究中国佛教史的人得一个新的认识。

就在那一年冬天，傅孟真先生从德国回到中国；回国不久，就往广东担任中山大学文学院院长，并办了一个小规模的历史语言研究所。后来又应蔡孑民先生之邀，担任"中央研究院"历史语言研究所所长。不久，在《历史语言研究所集刊》第一本发表了一篇文章，题目叫做《历史语言研究所工作旨趣》。因为我们平常都是找材料的人，所以他那篇文章特别注重材料的重要。这里面有几点是在他死后他的朋友们所常常引用的。他讲到中国三百多年的历史学、语言学的考据与古韵、古音的考据，从顾亭林、阎百诗这两个开山大师起，一直到十九世纪末年、二十世纪初年。在这三百多年当中，既然已经有人替我们开了一个新纪元，为什么到现在还这样倒霉呢？傅先生对于这个问题，提出了三个最精辟的解答：

一、凡是能直接研究材料的就进步；凡是不能直接研究材料，只能间接研究材料的，或是研究前人所研究的材料或只能研究前人所创造的材料系统的就退步。

二、凡一种学问能够扩充或扩张他的研究材料的便进步；凡不能扩张他的材料的便退步。

三、凡一种学问能够扩充他作研究时所应用的工具的便进步；凡不能扩充他研究时应用的工具的便退步。（在这里，工具也视为材料的一种。）

所以傅先生在他这篇文章中的结论，认为中国历史学、语言学之所以能够在当年有光荣的历史，正是因为当时的顾亭林、阎百诗等大师能够开拓地用材料。后来所以衰歇倒霉，也正是因为题目固定了，材料不大扩充了，工具也不添新的了，所以倒霉下去。傅先生在那篇文章里为"中央研究院"历史语言研究所提出了三条工作旨趣：

一、保持顾亭林、阎百诗的遗训。要运用旧的、新的材料，客观地处理实在的问题。因为解决问题而更发生新问题；因为新问题的解决更要求更多的材料。用材料来解决问题，运用旧的新的材料，客观地处理实在的问题，要保持顾亭林、阎百诗等在三百多年前的开拓精神。

二、始终就是扩张研究材料，充分地扩张研究材料。

三、扩充研究用的工具。

以上是傅先生在民国十七年——北伐还没有完成，北伐军事还没有结束的时候——就已经提出的意见。他在这篇文章里面还发表了一个很伟大的梦想。他说我们最注意的是求新的材料。所以他计划要大规模地发掘新材料：

第一步，想沿京汉路，从安阳到易州这一带去发掘。

第二步，从洛阳一带去发掘；最后再看情形一步一步往西走，一直走到中亚西亚去。在傅先生那一篇并不很长的"工作旨趣"里面，在北伐革命军事还没有完成的时候，他已经在那里做这样一个扩大材料的梦想。而在最近这二十年来，"中央研究院"在全国学术机关内，可以说充分做到了他所提出的三大旨趣。我虽然是"中央研究院"的一分子，却并不是在这里做广告。我们的确可以说，他那时所提出的工作旨趣，不但是全国，亦是全世界的学术界所应当惊异的。

我在民国十七年发表的一篇文章，题目是《方法与材料》，已收在《文存》第三集内，后来又收在《胡适文选》里面。①我不必详细的讲它了。大意是说：材料可以帮助方法；材料的不够，可以限制做学问的方法；而且材料的不同，又可以使做学问的结果与成绩不同。在那篇文章里面，有一个比较表，拿西历1600年到1675年，七十五年间的这一段历史，与东方的那段七十多年间的历史相比较，指出中国和西方学者做学问的工作，因为所用材料的不同，成绩也有绝大的不同。那时正是傅先生所谓顾亭林、阎百诗时代；在中国那时候做学问也走上了一条新的路，走上了科学方法的路。方法也严密了；站在证据上求证明。像昨天所说的顾亭林要证明衣服的"服"

---

① 编者注：即《治学的方法与材料》一文。

字古音读作"逼"，找了一百六十个证据。阎百诗为《书经》这部中国重要的经典，花了三十年的工夫，证明《书经》中所谓古文的那些篇都是假的。差不多伪古文里面的每一句，他都找出它的来历。这种科学的求证据的方法。就是"大胆的假设，小心的求证"的方法。这种方法与西洋的科学方法，是同样的了不得的。

但是在同一时期——在1600—1675年这一段时期——西洋做学问的人是怎么样呢？在十七世纪初年，荷兰有三个磨玻璃的工匠，他们玩弄磨好的镜子，把两片镜片叠起来，无意中发明了望远镜。这个消息传出去以后，意大利的一位了不得的科学家伽利略（Galilei），便利用这一原理，自出心裁的制造成一个当时欧洲最完美的最好的望远镜。从这个望远镜中发现了天空中许多新的东西。同时在北方的天文学家，刻伯勒（Kepler）正在研究五大行星的运行轨道。他对于五大行星当中火星的轨道，老是计算不出来，但是收集了很多材料。后来刻伯勒就假设说，火星轨道不是平常的圆形的而是椭圆形的；不但有一个中心而且有两个中心。这真是大胆的假设；后来证实这个假设是对的，成为著名的火星定律。当时刻伯勒在北方，伽利略在南方，开了一个新的天文学的纪元。伽利略死了二三十年以后，荷兰有一位磨镜工匠叫做李文厚（Leeuwenhoek），他用简单的显微镜来看毛细管中血液的运行和筋腱的纤维。他看见了血球、精虫以及细菌（1675年），并且绘了下来。我们可以说，微菌学是萌芽于西历

1675年的。伽利略并且在物理学上开了新的纪元，规定了力学的几个基本原理。

就在伽利略去世的那一年（西历1642年），一位绝大的天才科学家——牛顿（Newton）——在英国出世。他把刻伯勒与伽利略等人的发现，总结起来，做一个更大胆的假设，可以说是世界上有史以来最大胆的二、三个假设中的一个，就是所谓万有引力的定律。整个宇宙所有这些大的星，小的星，以及围绕着太阳的各行星（包括地球），所以能够在空中，各循着一定的轨道运行，是什么原因呢？就是因为有万有引力的缘故。在这七十五年中，英国还有两位科学家我们必须提到的。一位是发明血液循环的哈维（Harvey），他的划时代的小书是1628年出版的。一位是了不起的化学家波耳（Boyle），他的在思想史上有名的著作《怀疑的化学家》是1661年出版的。

西方学者的学问工作，由望远镜、显微镜的发明，产生了力学定律、化学定律，出了许多新的天文学家、物理学家、化学家、生理学家。新的宇宙出现了。但是我们中国在这个时代，在学者顾亭林、阎百诗的领导下做了些什么呢？我们的材料是书本。顾亭林研究古韵，他的确是用新的方法，不过他所用的材料也还是书本。阎百诗研究古文《尚书》，也讲一点道理，有时候也出去看看，但是大部分的材料都是书本。这三百多年来研究语言学、文字学所用的材料都是书本。可是西方同他们同时代的人，像刻伯勒、伽利略、牛顿、哈维、波耳，他们研究学问所用的材料就不仅是书本；他们用作研究材料的是自然界的东西。从前人所看不清楚的天河，他们能看清楚了；所看不见的卫星，他们能看见了；所看不出来的纤维组织，他们能看出来了。结果，他们奠定了三百年来新的科学的基础，给人类开辟了一个新的科学的世界。而我们这三百多年来在学问上，虽然有了了不起的学者顾亭林、阎百诗做引导，虽然可以说也有"大胆的假设，小心的求证"的方法，但是因为材料的不同，弄来弄去离不开书本，结果，只有两部《皇清经解》做我们三百年来治学的成绩。这个成绩跟三百年来西方科学的成绩比起来，相差真不可以道里计。而这相差的原因，正可以说明傅先生的话：凡是能够扩充材料，用新材料的就进步；凡是不能扩充新的材料，只能研究旧的、间接的材料的就退步。

我在那一篇文章里面有一张表，可以使我们从这七十五年很短的时间中，看出材料不但是可以限制了方法的使用，而且可以规定了研究的成绩如何。所以我那篇文章后面也有一个和傅先生类似的意见，就是说：做纸上的考证学，也得要跳过纸上的材料——老的材料，去找新的材料，才可以创造出有价值的成绩。我那篇文章虽然没有他那一种远大的大规模的计划，但是也可以作为他那篇历史上很重要的宣言的小小注脚。我们的结论都是一样的；所不同的地方是我始终没有他那样大规模的梦想：做学问的团体研究，集团研究（Corporate Research）。培根在三百多年前曾有过这种梦想——找许多人来分工合作，大规模的发现新的真理、新的意思、新的原则、新的原理；在西洋各国已经逐渐实现了。中国方面，丁文江先生在北平创立了中国地质调查所，可以说是在北方的一个最重要的学术研究团体，为团体研究，以收集新材料开辟了一个新的领土。在民国十七年，"中央研究院"成立，尤其是历史语言研究所的成立，在中国的语言学、历史学、考古学、人类学各方面，充分的使用了傅先生的远大的见识，搜罗了全国第一流的研究人才、专家学者，实地去调查、去发掘。例如，安阳的十五次发掘，及其他八省五十五处的发掘，和全国各地语言、语音的调查，这些工作，都是为扩充新的材料。除了地质调查所以外，历史语言研究所可以说是我们规模最大、成绩最好的学术研究团体。我们也可以说，中国文史的学问，到了历史语言研究所成立以后才走上了完全现代化、完全科学化的大路，这是培根在三百年前所梦想的团体研究的一个大成绩。

不论团体研究也好，个人研究也好，做研究要得到好的成绩，不外上面所说的三个条件：一、直接的研究材料；二、能够随时随地扩张材料；三、能够扩充研究时所用的工具。这是从事研究学问而具有成绩的人所通有的经验。

我在开始讲"治学方法"第一讲的时候，因为在一个广场中，到的人数很多，没有黑板，没有粉笔，所以只能讲一些浅显的小说考证材料。有些人认为我所举的例太不重要了。不过今天我还要和诸位说一说，我用来考证小说的方法，我觉得还算是经过改善的，是一种"大胆的假设，小心的求证"的方法。我可以引为自慰的，就是我做二十多年的小说考证，也替中国文学史家与研究中国文学史的人扩充了无数的新材料。只拿找材料做标准来批评，我二十几年来以科学的方法考证旧小说，也替中国文学史上扩充了无数的新证据。

我的第一个考证是《水浒传》。大家都知道《水浒传》是七十一回，从张天师开始到卢俊义做梦为止。但是我研究中国小说，觉得可以分为两大类。像《红楼梦》与《儒林外史》是第一类，是创造的小说。另一类是演变的小说；从小的故事慢慢经过很长时期演变扩大成为整部小说：像《水浒传》《西游记》《隋唐演义》《封神榜》等这一类故事都是。我研究《水浒传》，发现是从《宣和遗事》这一本很小的小说经过很长的时期演变而来的。在演变当中，《水浒传》不但有七十一回的，还有一百回的、一百二十回的。我的推想是：到了金圣叹的时候，他以文学的眼光，认为这是太长了；他是一个刽子手，又有文学的天才，就拿起刀来把后面的割掉了，还造出了一个说法，说他得到了一个古本，是七十一回的。他并且说《水浒传》是一部了不得的书，天下的文章没有比《水浒》更好的。这是文学的革命、思想的革命；是文学史上大革命的宣言。他把《水浒》批得很好，又做了一篇很好的序，因此，金圣叹的《水浒》，打倒一切的《水浒》。我这个说法，那时候大家都不肯相信。后来我将我的见解，写成文章发表。发表以后，有日本方面做学问的朋友告诉我说：日本有一百回、一百二十回本的《水浒传》。后来我在无意间又找到了一百十五回、一百二十四回本和一百十九回本。台大的李玄伯先生也找到一百回本。因为我的研究《水浒传》，总想得到新的材料，所以社会上注意到了，于是材料都出来了。这就是一种新材料的发现，也是二十多年来因我的提倡考证而发现的新材料。

关于《红楼梦》，也有同样的情形。因为我提倡用新的观点考证《红楼梦》，结果我发现了两种活字版本，是乾隆五十六年和五十七年的一百二十回本。有人以为这个一百二十回本是最古的版本，但也有人说《红楼梦》最初只有八十回，后面的四十回是一个叫做高鹗的人加上去的。他也编造了一个故事说：是从卖糖的担子中发现了古本。我因为对于这个解释不能满意，总想找新的材料证明是非，结果我发现了两部没有排印以前的抄本，就是现在印行出来的八十回本。

因为考证《红楼梦》的关系，许多大家所不知道的抄本出现了。此外，还有许多关于曹雪芹一家的传记材料。最后又发现脂砚斋的详本《红楼梦》；虽然不完全，但的确是最早的本子——就是现在我自己研究中的一本。后来故宫博物院开放了，在康熙皇帝的一张抽屉里，发现曹雪芹的祖父曹寅的一张秘密奏折。这个奏折说明当时曹家地位的重要。曹雪芹的曾祖、祖父、父亲、叔父三代四个人继续不断在南京做江宁织造五十年，并且兼两淮盐运使。这是当时最肥的缺。为什么皇帝把这个全国最肥的缺给他呢？因为他是皇帝的间谍，是政治特务；他替皇帝侦察江南地方的大臣，监视他们回家以后做些什么事，并且把告老回家的宰相的生活情形，随时报告皇帝。一个两江总督或江苏巡抚晋京朝圣，起程的头一天，江苏下雪或下雨：他把这个天气的情形用最快的方法传达给皇帝。等到那个总督或者巡抚到京朝见时，皇帝就问他："你起程的头一天江苏是下雪吗？"这个总督或者巡抚听到皇帝这个问话，当然知道皇帝对于各地方的情形是很清楚的，因此就愈加谨慎做事了。

我所以举《红楼梦》的研究为例，是说明如果没有这些新的材料，我们的考证就没有成绩。我研究这部书，因为所用的方法比较谨严，比较肯去上天下地动手动脚找材料，所以找到一个最早的"脂砚斋抄本"——曹雪芹自己批的本子——和一个完全的八十回的抄本，以及无疑的最早的印本——活字本，再加上曹家几代的传记材料。因为有这些新材料，所以我们的研究才能有点成绩。但是亦因为研究，我们得以扩张材料；这一点是我们可以安慰自己的。

此外如《儒林外史》，是中国的第一部小说。这本书是一个很有思想的吴敬梓做的。当我在研究时，还不知道作者吴敬梓是安徽全椒人。我为了考证他的人，要搜求关于他的材料。不到几个月的工夫，就找到了吴敬梓诗文集、全集，后面还附有他儿子的诗。这厚厚的一本书，在书店中别人都不要的，我花一块半钱就买到了。这当时是一个海内孤本（我恐怕它失传，所以重印了几千册）。就拿这种考证来讲，方法与材料的关系是很重要的。如果没有材料，就没有法子研究；而因为考证时能够搜求材料，又可以增加了许多新材料。

我再用佛教史的研究说明扩张材料。我那年在英国大英博物院看敦煌卷子的时候，该院一位管理人员告诉我说：有一位日本学者矢吹庆辉刚刚照了许多卷子的影片带回去。后来矢吹庆辉做了一本书叫《三阶教》。这是隋唐之间佛教的一个新的研究；用的材料，一部分是敦煌的卷子，一部分是日本从唐朝得来的材料。

我搜求神会和尚的材料，在巴黎发现敦煌所藏的两个卷子。我把它印出来以后，不到三年，日本有位石井实先生，买到了一个不很长的敦煌的卷子，也是与神会和尚有关的材料。这个卷子和我所发现的材料比较起来，他的前面一段比我发现的少，后面一段比我发现的多。这个卷子，他也印出来了。另外一位日本学者铃木，也有一卷关于神会的卷子；这和我所发现的是一个东西，但是抄写的不同，有多有少，可以互相补充。因为考证佛教史中禅宗这个小小的问题，增添了上面所说的许多材料。

日本的矢吹先生在伦敦博物院把敦煌所藏的卷子，照了许多影片带回日本以后，日本学者在这些照片里面发现了一件宝贝，就是上面讲到的，南方韶州地方不认识字的和尚——禅宗第六祖慧能的语录——《坛经》。这是从来没有的孤本，世界上最宝贵的本子。这本《坛经》只有一万一千言；在现在世界上流行的本子有两万两千言。这本《坛经》的出现，证明现在流行的《坛经》有百分之五十是后来的一千多年中和尚们你增一条、我添一章的加进去的，是假的。这也是佛教史上一个重要的发现。总之，因为我考证中国佛教新的宗派在八世纪时变成中国正统的禅宗的历史，我就发现了许多新的材料。

最后我感谢台湾大学给我这个机会——讲学。我很惭愧，因为没有充分准备。我最后一句话，还是我开头所说的"大胆的假设，小心的求证"。在求证当中，自己应当自觉的批评自己的材料。材料不满意，再找新证据。这样，才能有新的材料发现；有新材料才可以使你研究有成绩、有结果、有进步。所以我还是要提一提台大前任校长傅先生的口号："上穷碧落下黄泉，动手动脚找东西。"

（1952年12月6日）

为什么读书①

　　青年会叫我在未离南方赴北方之前在这里谈谈，我很高兴，题目是"为什么读书"。现在读书运动大会开始，青年会拣定了三个演讲题目。我看第二个题目"怎样读书"很有兴味，第三个题目"读什么书"更有兴味，第一个题目无法讲，"为什么读书"，连小孩子都知道，讲起来很难为情，而且也讲不好。所以我今天讲这个题目，不免要侵犯其余两个题目的范围，不过我仍旧要为其余两位演讲的人留一些余地。现在我就把这个题目来试一下看。我从前也有过一次关于读书的演讲，后来我把那篇演讲录略事修改，编入三集《文存》里面，那篇文章题目叫做《读书》，其内容性质较近于第二个题

---

① 本文为1930年11月下旬胡适在上海青年会的演讲，文稿经胡适校正，原载1931年2月《现代学生》第一卷第5期。

目，诸位可以拿来参考。今天我就来试试"为什么读书"这个题目。

从前有一位大哲学家做了一篇《读书乐》，说到读书的好处，他说："书中自有千钟粟，书中自有黄金屋，书中自有颜如玉。"这意思就是说，读了书可以做大官，获厚禄，可以不至于住茅草房子，可以娶得年轻的漂亮太太（台下哄笑）。诸位听了笑起来，足见诸位对于这位哲学家所说的话不十分满意，现在我就讲所以要读书的别的原因。

为什么要读书？有三点可以讲：第一，因为书是过去已经知道的智识学问和经验的一种记录，我们读书便是要接受这人类的遗产；第二，为要读书而读书，读了书便可以多读书；第三，读书可以帮助我们解决困难，应付环境，并可获得思想材料的来源。我一踏进青年会的大门，就看见许多关于读书的标语。为什么读书？大概诸位看了这些标语就都已知道了，现在我就把以上三点更详细地说一说。

第一，因为书是代表人类老祖宗传给我们的知识的遗产，我们接受了这遗产，以此为基础，可以继续发扬光大，更在这基础之上，建立更高深更伟大的知识。人类之所以与别的动物不同，就是因为人有语言文字，可以把智识传给别人，又传至后人，再加以印刷术的发明，许多书报便印了出来。人的脑很大，与猴不同，人能造出语言，后来更进一步而有文字，又能刻木刻字；所以人最大的贡献就是能〔积累〕过去的智识和经验，使后人可以节省很多脑力。非洲野蛮人在山野中遇见鹿，他们就画了一个人和一只鹿以代信，给后面的人叫他们勿追。但是把智识和经验遗给儿孙有什么用处呢？这是有用处的，因为这是前人很好的教训。现在学校里各种教科书，如物理、化学、历史等等，都是根据几千年来进步的知识编纂成书的。一年、两年，或者三年，教完一科。自小学，中学，而至大学毕业，这十六年中所受的教育，都是代表我们老祖宗几千年来得来的智识学问和经验，所谓进化，就是叫人节省劳力。蜜蜂虽能筑巢，能发明，但传下来就只有这一点智识，没有继续去改革改良，以应付环境，没有做格外进一步的工作。人呢，达不到目的，就再去求进步，而以前人的智识学问和经验作参考。如果每样东西，要个个人从头学起，而不去利用过去的智识，那不是太麻烦了吗？所以人有了这智识的遗产，就可以自己去成家立业，就可以缩短工作，使有余力做别的事。

第二点稍复杂，就是为读书而读书。不错，知识可以从书本中得来，但读书不是那么容易的一件事情，不读书不能读书，要能读书才能多读书。好比戴了眼镜，小的可以放大，模糊的可以看得清楚，远的可以变近。读书也要戴眼镜。眼镜越好，读书的了解力越大。王安石对曾子固说："读经而已，则不足以知经。"所以他对于《本草》、《内经》、小说，无所不读，这样对于经才可以明白一些。王安石说："致其知而后读。"

请你们注意，他不说读书以致知，却说先致知而后读书。读书固然可以扩充知识；但知识越扩充了，读书的能力也越大。这便是"为读书而读书"的意义。

　　试举《诗经》作一个例子。从前的学者把《诗经》看作"美"、"刺"的圣书，越讲越不通。现在的人应该多预备几副好眼镜，人类学的眼镜、考古学的眼镜、文法学的眼镜、文学的眼镜。眼镜越多越好，越精越好。例如"野有死麕，白茅包之。有女怀春，吉士诱之"；我们若知道比较民俗学，便可以知道打了野兽送到女子家去求婚，是平常的事。又如"钟鼓乐之，琴瑟友之"，也不必说什么文王太姒，只可看作少年男子在女子的门口或窗下奏乐唱和，这也是很平常的事。再从文法方面来观察，像《诗经》里"之子于归"、"黄鸟于飞"、"凤凰于飞"的"于"字①，此外，《诗经》里又有几百个"维"字，还有许多"助词"，"语词"，这些都是有作用而无意义的虚字，但以前的人却从未注意及此。这些字若不明白，《诗经》便不能懂。再说在《墨子》一书里，有点光学、力学；又有点经济学。但你要懂得光学，才能懂得墨子所说的光；你要懂得各种知识，才能懂得《墨子》里一些最难懂的文句。总之，读书是为了要读书，多读书更可以读书。最大的毛病就在怕读书，怕读难书。越难读的书我们越要征服它们，把它们作为我们的奴隶或向导。我们才能够打倒难书，这才是我们的"读书乐"。若是我们有了基础的科学知识，那么，我们在读书时便能左右逢源。我再说一遍，读书的目的在于读书，

---

① "于"字参看《青年界》第四期胡适的《〈周南〉新解》。

要读书越多才可以读书越多。

第三点，读书可以帮助解决困难，应付环境，供给思想材料，知识是思想材料的来源。思想可分作五步，思想的起源是大的疑问。吃饭拉屎不用想，但逢着三叉路口，十字街头那样的环境，就发生困难了。走东或是走西，这样做或是那样做，有了困难，才有思想。第二步要把问题弄清，究竟困难在哪一点上。第三步才想到如何解决。这一步，俗话叫做出主意。但主意太多，都采用也不行，必须要挑选。但主意太少，或者竟全无主意，那就更没有办法了。第四步就是要选择一个假定的解决方法。要想到这一个方法能不能解决，若不能，那么，就换了一个，若能，就行了。这好比开锁，这一个钥匙开不开就换了一个，假定是可以开的，那么，问题就解决了。第五步就是证实。凡是有条理的思想都要经过这五步，或是逃不了这五个阶段。科学家要解决问题，侦探要侦探案件，多经过这五步。

这五步之中，第三步是最重要的关键。问题当前，全靠有主意（Ideas）。主意从哪儿来呢？从学问经验中来。没有知识的人，见了问题，两眼白瞪瞪，抓耳挠腮，一个主意都不来。学问丰富的人，见着困难问题，东一个主意，西一个主意，挤上来，涌上去，请求你录用。读书是过去智识学问经验的记录，而智识学问经验就是要用在这时候，所谓养军千日，用在一朝。否则，学问一些都没有，遇到困难就要糊涂起来。例如达尔文把生物变迁现象研究了几十年，却想不出一个原则去整统他的材料，后来无意中看到马尔萨斯的《人口论》，说人口是按照几何学级数一倍一倍地增加，粮食是按照数学级数增加，达尔文研究了这原则，忽然触机，就把这原则应用到生物学上去，创了物竞天择的学说。读了经济学的书，可以得着一个解决生物学上的困难问题，这便是读书的功用。古人说："开卷有益"，正是此意。读书不是单为文凭功名，只因为书中可以供给学问知识，可以帮助我们解决困难，可以帮助我们思想。又譬如从前的人以为地球是世界的中心，后来天文学家哥白尼却主张太阳是世界的中心，地球绕着而行。据罗素说，哥白尼所以这样的解说，是因为希腊人已经讲过这句话，假使希腊没有这句话，恐怕更不容易有人敢说这句话吧。这就是读书的好处。

有一家书店印了一部旧小说，叫作《醒世姻缘》，要我作序。这部书是西周生所著的，印好后在我家藏了六年，我还不曾考出西周生是谁。这部小说讲到婚姻问题，其内容是这样：有个好老婆，不知何故，后来忽然变坏，作者没有提及解决方法，也没有想到可以离婚，只说是前世作孽，因为在前世男虐待女，女就投生换样子，压迫者变为被压迫者。这种前世作孽，起先相爱，后来忽变的故事，我仿佛什么地方看见过。后来忽然想起《聊斋》一书中见到一篇和这相类似的笔记，也是说到一个女子，起先怎样爱着她的丈夫，后来怎样变为凶太太，便想到这部小说大约是蒲留仙或是蒲留仙的朋友做的。去年我看到一本杂志，也说是蒲留仙做的，不过没有多大证据。今年我在北平，才找到了证据。这一件事可以解释刚才我所说的第二点，就是读书是可以帮助读书，同时也可以解释第三点，就是读书可以供给出主意的来源。当初若是没有主意，到了逢着困难时便要手足无措，所以读书可以解决问题，就是军事、政治、财政、思想等问题，也都可以解决，这就是读书的用处。

我有一位朋友，有一次傍着洋灯看小说，洋灯装有油，但是不亮，因为灯芯短了。于是他想到《伊索寓言》里有一篇故事①，说是一只老鸦要喝瓶中的水，因为瓶太小，得不到水，它就衔石投瓶中，水乃上来。这位朋友是懂得化学的，于是加水于灯中，油乃碰到灯芯。这是看《伊索寓言》给他看小说的帮助。读书好像用兵，养兵求其能用，否则即使坐拥十万二十万的大兵也没有用处，难道只好等他们"兵变"吗？

至于"读什么书"，下次陈钟凡先生要讲演，今天我也附带地讲一讲。我从五岁起到了四十岁，读了三十五年的书。我可以很诚恳地说，中国旧籍是经不起读的。中国有五千年文化，"四部"的书已是汗牛充栋。究竟有几部书应该读，我也曾经想过。其中有条理有系统的精心结构之作，二千五百年以来恐怕只有半打。"集"是杂货店，"史"和"子"还是杂货店。至于"经"，也只是杂货店，讲到内容，可以说没有一些东西可以给我们改进道德增进知识的帮助的。中国书不够读，我们要另开生路，辟殖民地，这条生路，就是每一个少年人必须至少要精通一种外国文字。读外国语要读到有乐而无苦，能

---

① 即《老鸦和水瓮》，见《伊所伯的寓言》（亚东版）第192面。

做到这地步，书中便有无穷乐趣。希望大家不要怕读书，起初的确要查阅字典，但假使能下一年苦功，继续不断做去，那么，在一二年中定可开辟一个乐园，还只怕求知的欲望太大，来不及读呢。我总算是老大哥，今天我就根据我过去三十五年读书的经验，给你们这一个临别的忠告。

中国书的收集法①

　　王〔云五〕先生告诉我说，众位在这里研究图书馆学，每星期请专家来讲演。我这个人，可以说是不名一家。白话文是大家做的，不能说专家；整理国故，实在说不上家。所以我今天来讲，并不是以专家的资格。并且我今天所讲的，是书的问题。书这样东西，没有人可以说是专家的；图书馆范围非常广博，尤其更不配说专家。我家里书很多，可是乱七八糟，没有方法去整理。当我要书的时候，我写信去说：我要的书是在进门左手第三行第三格。我的书只是凭记忆所及，胡乱地放着。但是近来几次的搬家，这个进门左手第几行第几格的方法，已经不适用了。现在我的书，有的在北平，有的在上海，

① 本文为1928年7月31日胡适在上海东方图书馆主办的图书馆暑期补习班上的演讲，原载1934年4月30日《中华图书馆协会会报》第9卷第5期。

有的在箱子里，有的在书架上。将来生活安定了，把所有的书集在一处布置起来，还须请众位替我帮忙整理。因为我是完全不懂方法的。

近来我在国内国外走走，同一些中国图书馆家谈谈，每每得到一个结论，就是学图书馆的人很多，但是懂得书的人很少。学图书馆的人，学了分类管理就够了，于是大家研究分类，你有一个新的分类法他有一个新的分类法，其实这个东西是不很重要的，尤其是小规模的图书馆。在小图书馆里，不得已的时候，只须用两种方法来分类：一是人名，一是书名，就够了。图书馆的中心问题，是要懂得书。图书馆学中的检索方法、分类方法、管理方法，比较起来是很容易的，一个星期学，几个星期练习，就可以毕业。但是必定要懂得书，才可以说是图书馆专家。叫化子耍猴子，有了猴子，才可以耍；舞棍，有了棍，才可以舞。分类法的本身是很抽象的，书很少，自然没有地方逞本事；有了书，也要知道他的内容。这本Pasteur（巴斯德）的传，应该放在什么地方？是化学家呢，还是生物学家，医学或卫生学家，就彷徨无措。无论你的方法是如何周全精密，不懂得内容，是无从分类起的。图书馆学者，学了一个星期，实习了几个星期，这不过是门径。如果要把他做终身的事业，就要懂得书。懂得书，才可以买书、收书、鉴定书、分类书。众位将来去到各地服务的时候，我要提出一个警告，就是但懂得方法而不懂得书，是没有用的。你们的地位，只能做馆员，而不能做馆长的。

今天我所要讲的，是怎样去收集书。收书是图书馆很重要的事。可是要收的，实在不少，有旧书，有新书，有外国书，有中国书。外国书自然是要懂得外国文字的人，才有收的方法。如果不懂得外国文字，便是讲也没有用处的。要懂书，有三个重要的办法：（一）爱书。把书当做心爱的东西，和守财奴爱钱一样。（二）读书。时时刻刻地读，继续不断地读，唯有读书才能懂书。最低的限度也要常常去看。（三）多开生路。生路多了，自然会活泛。因此，外国语不能不懂，一日语，二英语，三法语，四德语，五俄语，能多懂了一种，便多了一种的好处。生路开的多了，才能讲收书，无论新的、旧的，中国的、外国的，都得知道他的内容，这样便是分类也有了办法。

我今天的题目是"中国书的收集法"。吴稚晖先生这几年来常说：中国的线装书，都应该丢到毛厕里去。这句话在精神上是很可赞成的。因为在现在的中国，的确应该提倡些物质文明，无用的书可以丢掉，但是他安顿线装书的法子，实在不好。毛厕不是摆书的好地方，而且太不卫生。所以我提议把线装书一起收集起来，放到图书馆去，所谓束之高阁。整理好了，备而不用，随时由专门学者去研究参考。那么中国书当如何收集呢？从前收集中国书，最容易犯两个大毛病：一是古董家的收集法，一是理学家的收集法。

古董家的收集法，是专讲版本的。比方藏书，大家知道北平的藏书大家傅沅叔先生，他收书，就不收明朝嘉靖以后的

书。清朝的书，虽也收一点，但只限康熙、雍正、乾隆三朝的
精刻本。亦有些人更进一步，非宋不收，而且只限于北宋；他
们以为北宋版是初刻本，当然更好。不论是哪一种书，只要是
宋版，便要收藏。因此这一类书，价钱就很贵。譬如《资治通
鉴》，是一部极平常的史书，什么地方都可以买。好古的收藏
家，如果遇见宋刻的《资治通鉴》，都千方百计地要弄到他，
就是花三千五千、一万两万而得到一部不完整的本子，也是愿
意的。现在刚刻出来的一本《宋刑统》，这一部书，包括宋朝
一代的政治法令，本来没有人注意到。大理院刻了这部书，在
历史上很占重要的地位，可是古董式的收藏家，他不肯花数十
块钱买一部《宋刑统》，却肯花三千、五千、一万、两万买不
完整的宋刻《资治通鉴》。拿这种态度收书，有许多毛病：
（一）太奢侈。用极贵的价钱，收极平常的书，太不合算。诸
位将来都是到各地去办小规模的图书馆的，这种图书馆，当然
没有钱做这样的事情。便是有钱，我以为也不必的。（二）范
围太窄。譬如说，明朝嘉靖以后的书，一概不收；清朝本子
刻得好的，才收一点。他们收的书，都是破铜烂铁，用处实在
很少，只有古董的价值，完全没有历史的眼光，唯有给学者作
校勘旧本之用。比方一部宋版的《资治通鉴》，他因为刻得最
早，比较的错误的可能性少一点，如果用他去校勘旁的版本，
当然有许多利益。诸位写一篇千字的文章，自己初抄的时候，
抄错一个字，可是给人家第二次抄录的时候，就错了两个字。
这样以讹传讹，也许会错到五六字、十余字的。如果把原本对

照，就可以改正好多。所以买旧本的用处，至多只是供校勘学者的校勘而已。如果要使人知道古书是怎么样子的，那么说句干脆话，还不如交给博物馆去保存的好。而且严格地说一句，宋本古本，不一定是好的。我们一百年来晓得校勘本子，不在乎古而在乎精。比方A、B、C三个本子，在宋朝时候据A本校勘成为D本，便称宋版；而E本呢，是收A、B、C三本参考校勘而成的，可说是明版。这样看来，明版也许比宋版精粹些，说明如左（下）：

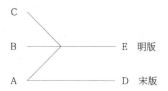

理学家的收集法，是完全用理学家的眼光来收书的。这一种收集法，比古董家还不好。古董家的眼光，如果这书是古的，他就收去。比方《四部丛刊》中的《太平乐府》是刻得很坏的，这里面的东西，都是元朝堂子里的姑娘所唱的小曲子，经杨朝云编在一处，才保存到现在。如果撞在道学家手里，早不知到什么地方去了。古董家因为看见他难得，所以把他收进去，使我们晓得元朝的小曲子是一种什么样子的东西。董康先生翻刻的《五代史平话》，原是极破烂的一本书，但是因为古的关系，居然有人把他刻出来，保全了这本书。这是第一种比第二种好的地方。还有一种好处，就是古董家虽然不懂这破烂的书，可是放着也好。要是用道学家的眼光收书，有很大的毛病。《四库全书》是一个很大的收集（Collection），但是清乾隆皇帝所颁的上谕和提要中，口口声声说是要搜集有关世道人心的书。我们查书中的几篇上谕，就可以知道。所以他小曲子不要，小学不要。他所收的，都是他认为与世道人心无妨碍的。拿这个标准收书，就去掉了不少有用的书。他的弊端很大：（一）门类太窄。《四库全书》是大半根据《永乐大典》集出来的。《永乐大典》的收集法乱七八糟，什么书都收在里面，戏也有，词曲也有，小学也有。他的收集法，是按韵排列的。譬如这部戏曲是"微"韵，就收入"微"韵里。可是到了清朝，那些学者的大臣，学者的皇帝，带上了道学家的幌子，把《永乐大典》中保存的许多有用的书，都丢掉了。自此用道学家的眼光收书，门类未免太狭。（二）因人废言。用道学家的眼光收书，常常因人的关系，去掉许多有用的书。比方明朝的严嵩，是当初很有名的文学家，诗文词赋，都占极高的地位，可是在道学家的眼光看来，他是一个大奸臣，因此《四库全书》中，便不收他的东西。又如姚广孝，是永乐皇帝——明成祖的功臣。他是一个和尚，诗文都好，但是因为帮永乐篡位，所以他的作品也不被收。又像明末清初的吴梅村等，都是了不得的人才，三百年来，他的文字要占极高的地位。不过因为他在明朝做了官，又在清朝做官，便叫贰臣。他的作品，也就不能存在。（三）因辞废言。用道学家的眼光收书，对于人往往有成见。其实这是很可笑的。往往因文字上忌讳的缘故，把他的作品去掉，这是很不对的。譬如用国民党的眼光去排斥书，是有成见的。用共产党的眼光排斥书，也是有成见的。同为某种事实而排斥某种书，都是讲不过去的。《四库全书》中有许多书不予收入，而且另外刊入《禁书目录》。有些明朝末叶的书，有诋毁清朝的，都在销毁之列。因此用道学家的眼光收书，是很不对的。（四）门户之见太深。门户之见，道学家最免不掉。程朱之学与陆王之学，是互相排斥的，两者便格格不入。所以程、朱的一流对于王学每认为异端拒而不收；王阳明的东西尚不肯收，那么等而下之，自然不必说了。王派对于朱学，也极口诋毁。至于佛家、道家，也在排斥之列。《四库全书》关于道家的书，完全没有放进去。在中国，这学派门户之见实在很多。总而言之，门类太窄，因人废言，因辞废言，或者为了学派门户的成见，以批评人的眼光抹煞他的书，这样收书，就冤抑了许多有价值的书。如果在一百余年以前，他们的眼光能放得大些，不要说把销毁的书保留起来，如能将禁书收进去，也可为我们保留了不少的材料。在那个时候，没有遭大乱，太平天国的乱事没有起，圆明园也没有烧毁，假如能放大眼光，是何等的好。可是因为中了这种种的毒，所以永远办不到。

今天我讲的，是第三种方法。这个方法，还没有相当的名字，我叫他"杂货店的收书法"。明白地说，就是无书不收的收书法。不论甚么东西，如果是书，就一律都要。这个办法，并不是杜撰的。上次顾颉刚先生代表广州中山大学，拿了几万块钱出来收书，就是这样办法。人家笑话他，他还刊了一本小册子说明他的方法。这书，王先生也许看见过。他到杭州、上海、苏州等处，到了一处，就通知旧书铺，叫他把所有的书统统开个单子，就尽量的收下来，什么《三字经》，《千字文》，医书和从前的朱卷都要。秀才的八股卷子也要，账簿也要，老太太写得不通的信稿子也要，小热昏、滩簧、算命书、看相书，甚至人家的押契，女儿的礼单，和丧事人家账房先生所开的单子如杠夫多少，旗伞多少，如何排场等的东西都要。摊头上印得很恶劣的唱本、画册，一应都收了来。人家以为宝贝的书，他却不收。他怕人家不了解，印了一个册子去说明，可是人家总当他是外行，是大傻子，被人笑煞。不过我今天同诸位谈谈，收集旧书，这个方法最好。他的好处在哪里呢？（一）把收书的范围扩大，所谓无所不收。不管他是古，是今；是好版本，是坏版本；有价值，没有价值，统统收来，材料非常丰富。（二）可免得自己来去取。不懂得书，要去选择，是多么麻烦的事。照这样子的收书，不管他阿猫阿狗，有价值，没有价值，一概都要。如果用主观来去取书、选择书，还是免不掉用新的道学家的眼光来替代老的道学家的眼光，是最不妥当的事。（三）保存无数的史料。比方人家大出丧，这个出丧单子，好像没有用处，但是你如果保存起来，也有不少的用途，可在历史上留下一个很好的记载。像虞洽卿先生的夫人死了，就有大规模的出丧，仪仗很盛。那时人家只看见了这样的出丧，却没有人去照相，去详细记载。如果找到了虞先生的账房先生，要了那张单子，就知道他们这次出丧多少排场，多少费用，给社会学者留下很好的材料。将来的人，也可以知道在中华民国十七年某月某日，上海某某人家，还有这样的大出丧。这种史料，是再好不过的。（四）所花费少而所收多。譬如八股文，现在看来是最没有用的东西，简直和破纸一样，可以称斤的卖去；可是八股文这种东西，在中国五百年的历史上向来占极重要的地位。几百万最高的阶级——所谓第一类人才的知识阶级，把他全部的精神都放在里面。我们想想，这与五百年来学者极有关系的东西，是不是历史上最重要的材料；而且这个东西，再过十年八年，也许要没有了。现在费很少的钱，把他收了，将来价格一贵，就可不收。而且还可以一集、二集的印出来卖钱，甚么成化啊，弘治啊，嘉靖啊，式式都有。到没有的时候，也许会利市三倍呢！（五）偶然发现极好的材料。这种称斤的东西，里面常有不少的好材料。如果在几十斤、几百斤破烂东西中，得到了一本好材料，所花费的钱，已经很值得了。

有人问我：你不赞成古董家的收书法，又不赞成道学家的收书法，那么这个杂货店的收书法，原则是什么呢？当然，杂货店不能称是原则，他的原则，是用历史家的眼光来收书。从前绍兴人章学诚（实斋）说："六经皆史也。"人家当初都不相信他，以为是谬论。用现在的眼光来看这句话，其实还幼稚得很。我们可以说："一切的书籍，都是历史的材料。"中国书向来分为经、史、子、集四类，经不过是总集而已，章学诚已认他是史。史当然是历史。所谓集，是个人思想的集合，究其实，也渊源于史，所以是一种史料。子和集，性质相同。譬如《庄子》、《墨子》，就是庄子、墨子的文集，亦是史料。所以大概研究哲学史，就到子书里去找。这样看来，一切的书，的确都是历史的材料。

虞洽卿家里的丧礼单是历史，算命单也是历史。某某人到某某地方算命，这就表示在民国某年某月某日还有人算命，是很好的一种社会历史和思想史料。《三字经》和《百家姓》，好像没有用了，其实都是史料。假如我做一部《中国教育史》，《三字经》和《百家姓》，就占一个很重要的地位，必须研究他从什么时候起的，他的势力是怎么样。又像描红的小格子，从前卖一个小钱一张，他在什么时候起的，什么时候止的，都是教育史上的好材料，因为从前读书，差不多都写这种字的。从前有某某图书馆征求民国以前的《三字经》刻本，都没有征求到，可知道这种东西到了没有的时候，是极可贵的。我小时候读书，把南京李广明记的很熟，因为所读的《三字经》《千字文》《百家姓》和《学而》——《论语》首章等，都是从李广明来的。李广明在教育史上，也有一个相当的地位。此外如《幼学琼林》啊，《神童诗》啊，《千家诗》啊，都是教育史料。至于八股文，乃是最重要的文学史料、教育史料、思想史料、哲学史料。所谓滩簧、唱本、小热昏，也是文学史料，可以代表一个时代的平民文字〔学〕。诸位要知道文学中最重要的一部分，乃是大多数人最喜欢唱、喜欢念、喜欢做的东西。还有看相的书，同道士先生画的符，念的咒，都是极好的社会史料和宗教史料、思想史料。婚姻礼单，又是经济史料和社会史料。讲到账簿，可以说是经济史料。比方你要研究一个时代的生计，如果有这种东西做参考，才能有所依据，得到正确的答案。英国有人（Rojers）专门研究麦价，便是到各地去专找账簿。麦子在某年是多少钱一担？价格的变迁如何？农家的出产多少如何？他是专门搜集农家教堂和公共机关的账簿来比较研究的。这种种的东西，都是极有价值的社会经济史料。我记得我十岁十一岁时记账，豆腐只是三个小钱一块。现在拿账簿一看，总得三个铜板一块。在这短短的时期中，竟增加到十倍。数十年后，如果没有这种材料，哪里还会知道当时经济的情况。倘使你有关于和尚庙、尼姑庵等上吊的材料，你也可以收集起来，因为这是社会风俗史的一部分。人〔们〕能用这种眼光来看书，无论他是有无道理，都一概收集，才是真正收书家的态度。我们研究历史，高明的固然要研究；就是认为下流的，也要研究，才能确切知道一时代的真相。高明到什么地步，下流到什么地步？都要切切实实地研究一下。

谈到文学，杜工部、李太白的诗，固然是历史上的重要文学，应该懂的；然而当时老百姓的文字，也占同一的地位，所以也必须懂得。李、杜的东西，只能代表一般贵族的历史，并不能说含有充分的平民历史；老百姓自己的东西才是真正的平民历史。《金瓶梅》这一部书，大家以为淫书，在禁止之列，其实也是极好的历史材料。日本的佛教大学，还把他当作课本呢，这个就可见他有历史的眼光。《金瓶梅》是代表明代中叶到晚年一个小小的贵族的一种情形。譬如书中的主人，有一个大老婆，五个小老婆，还有许多姘头，一家的内幕是如此如此。如果没有这种书，怎么能知道当时社会上的一般的情况？此外如《醒世姻缘》小说，不但可以做当时家庭生活的材料，还可知道从前小孩子怎样上学堂，如何开笔做八股文，都是应该知道的事。要有种种的材料给我们参考，我们才能了然于胸中。因此，我们的确应该知道王阳明讲的什么学说，而同时《金瓶梅》中的东西亦应该知道的，因为王阳明和《金瓶梅》，同是代表十五世纪到十六世纪一般的情形，在历史上有同样的价值。无论是破铜烂铁，竹头木屑，好的坏的，一起都收。要知道，历史是整个的，无论哪一方面缺了，便不成整个。少了《金瓶梅》，知道王阳明，不能说是知道十六世纪的历史；知道《金瓶梅》，去掉王阳明，也不能说是知道十六世纪的历史。因此，《圣谕广训》是史料，《品花宝鉴》也是史料，因为他讲清朝一种男娼的风气，两者缺了一点，就不能算完全。我们还要知道，历史是继续不断的变迁的，要懂得他变迁的痕迹，更不能不晓得整个的历史是怎样。拿最近的事情说，国民党容共时代所出的公文、布告、标语，他的重要与分共时代所出的标语、公文、布告，占同一的地位。而且你们如果不懂容共时代的东西，也断不能懂得现在的东西。

材料不在乎好坏，只要肯收集，总是有用处的。比方甘肃敦煌石窟里的破烂东西，都是零落不全的，现在大家都当他宝贝，用照相版、珂罗版印了几页，要卖八元、九元、二十元的钱。我们到北平去，也得看见一点敦煌石窟中的东西。敦煌石窟中的东西，是甘肃敦煌县东南的一个石窟（叫做莫高窟）里所藏的书。敦煌那个地方有一个千佛洞，在佛教最盛的时候，有二三百座庙。石窟里都是壁画，大概是唐人的手笔；亦有六朝晋朝时候的壁画。因为北方天气干燥，所以都没有坏。有一个庙是专为藏书用的。当初没有刻本，只有写本。有的是蝇头细楷，有的是草字，差不多式式都有。其中佛经最多，亦有雕本，恐怕是世界上最早的了。这里面有和尚教徒弟的经卷，有和尚念的经咒，女人们刺血写的符篆，和尚的伙食账簿，小和尚的写字本子，和唱本小调；就是敦煌府的公文，也留在里面。有许多书有年代可考，大概在西历纪元五百年起，到1110年光景——东晋到宋真宗时。这许多年代中，有很多的材料，都不断的保存在这个和尚庙里。到了北宋初年，那里起了战乱，和尚们恐怕烧掉，就筑了墙，把一应文件都封在中间。大概打仗很久，和尚们死的死，逃的逃。从宋真宗时封起，一直到清末庚子年，墙坏了，就修理修理，也不知道中间有什么东西。直到庚子年——西历1900年，一个道士偶然发现石窟中的藏书，才破了这个秘密。可是这个道士也不当他是宝贝，把他当符篆来卖钱，说是可以治病的。什么人头痛，就买一张烧了灰吃下去，说是可以医头痛；什么人脚痛，也买一张烧了灰吃下去，说是可以医脚痛。这样卖了七八年，到了1907年，才有洋鬼子来了。那是英国的史坦因（Stein），他从中亚细亚来，是往北探险去的。他并没有中国的学问，据说他有一个助手王世庭，学问也并不高明，不过他曾听说在敦煌发现了许多东西，就去看看，随便给他多少钱买了大半去。因为不好拿，就捆了几大捆，装着走了。过了半年（那是1908年），法国学者伯希和（Pelliot）来了，他是有名的学问家，他的中国学问恐怕中国学者也不能及他。不过伯希和（Pelliot）很穷，只能在敦煌选了二千多卷，拿到北平。他是很诚实的，还去问问人家，请教人家，于是大家就知道了敦煌有这个东西。清朝的学部也得了这个消息，就打电报给陕甘总督，叫他把石窟里的东西统统封好了，送到京师图书馆里去。那些官员，到这个时候才知道他是宝贝；因为外人都买了装回本国去，朝廷又要他封送晋京，于是拣完整的、字迹端秀的几卷，大家偷了去送人，所以偷掉的也不少，现在存在北平的，还有八千余卷。从东晋到宋朝初年，六百年间，许多史料，都保存在里头，真是无价之宝。现在六千余卷在英国伦敦，二千余卷在法国巴黎，八千余卷在北平，一共一万八千卷左右。我都去看过。在英国、法国的数千卷，那真可爱。他们都用极薄极薄的纸把他裱起来，装订成册；便是残破了的一角，或是扯下的一个字，也统统裱好了，藏在一处。他的内容，说来很可笑，我刚才说过，小和尚的写字本子，老和尚念的经卷，和女师太刺血写的东西，样样都有。有些和尚们在念经的时候，忽然春心发动，便胡乱写一首《十八摸》，哼几句情诗，也都丢在里面。各种材料，差不多都有一点。此外如七字的唱本，像

《天雨花》、《笔生花》一类的东西。唐朝已经有了，我们只知后代才有，哪里知道敦煌石窟里面已有这个东西，可以说是唱本的老祖宗。这在文学史上，是多么重要的好材料。这不但使我们知道六百年前的宗教史事，就是我们要研究佛家哲学、经济思想等等许多史料，都可到里面去找。在那时，很不经意的、乱七八糟的、杂货店式的把东西丢在一处，不料到九百年后，成了你争我夺的宝贝，这是此种收书法的很好的证据。

因此诸位如果有心去收，破铜烂铁，都有用处。我们知道我们凭个人的主观去选择各书，是最容易错误的。这个要，那个不要，凭借自己的爱憎来定去取，是最不对的。我们恨滩簧小调，然而滩簧小调在整个的文学史上也占极重要的地位。孔子是道学家，可是他删诗而不删掉极淫乱的作品，正可充分地表现他有远大的目光。《诗经》中有两章如下：

子惠思我，褰裳涉溱；子不我思，岂会他人？
狂童之狂也且！

子惠思我，褰裳涉洧；子不我思，岂无他士？
狂童之狂也且！

淫乱到了极点。像这首诗，他怀想所欢，竟愿渡河以从，并且是人尽可夫。可是孔子并不删去，否则我们现在要得二三千年以上的材料时，试问到哪里去找？孔子收书，因为有这种态度，这种眼光，所以为中国、为全世界保存了最古、最美、最有价值的文学史料、社会史料、宗教史料、政治史料。假如一有成见，还会有这样的成功么？现在流行市面的小报很多，什么叽哩咕罗、噜哩噜苏，《福尔摩斯》，《晶报》，《大晶报》等，五花八门，为一般人所鄙弃的，可是他们也有他们的用处。我们如果有心收集起来，都是将来极好的文学史料、社会史料。要是在十年、二十年后，再要去找一个叽哩咕罗或是噜哩噜苏，也许没法得到。我能把他保存起来，十年、二十年后，人家要一个《叽哩咕噜罗》，要一个《噜哩噜苏》，我就可以供给他们，借此能知道民国十七年，上海社会上一般的情形是怎么样。当《申报》五十年纪念的时候，他们出了一部纪念册，可是《申报》馆竟没有一份全份的《申报》，于是登报征求。结果全中国只有一个人有这么一份，《申报》馆愿意出很多的钱去收买，结果是以两万块钱去买了来。照我这样，觉得二十万块钱都值得。以中国之大，或者说是以世界之大，而只有一份不缺的《申报》，你想是多么可贵呢，所以现在看为极平常而可以随手弃掉的东西，你如果有一个思想，觉得他是二十年后、二千年后的重要史料，设法保存起来，这些东西，就弥觉可珍了。

我们收集图书，必须有这种历史的眼光。个人的眼光有限，所有的意见，也许是错误的。人家认为有价值的，我以为无价值；人家看为无价值的，我以为有价值，这种事情很多。我们收书，不能不顾到。所以，一要认定我们个人的眼光和意见是有限的，有错误的；二要知道今天看为平常容易得的东西，明天就没有，后天也许成了古董。假如我们能存这个观念，拿历史的眼光来收书，就是要每天看后的报纸，也都觉得可贵的。

　　讲到这里，诸位对我所说的，也许有一点怀疑，以为照这样说来，不是博而寡要了么？可是我觉得图书馆是应当要博的，而且从这个"博"字上，也会自然而然的走到精密的路上去。收文学书的，他从文学上的重要材料起，一直到滩簧、小热昏为止，件件都收。或者竟专力于文学中的一部，从专中求博，也未尝不可。有一位陶兰泉先生，绰号叫陶开化，他收书什么都收，但只限于殿版开化纸的书籍，因此得了"陶开化"的名称，正是博中寓专。因此第一步是博，第二步是由博而专，这也是自然而然的趋向。大概由博到专，亦有三个缘故：一是天才的发展；二是个人嗜好；三是环境上的便利。有这三个缘故，自然会走上专门的路。诸位都知道欧洲的北边有一个小岛，叫冰岛（Iceland），那里有许多文学材料。若不到冰岛去找，全世界只有我的母校康奈尔大学有这完全的冰岛文学史料。康奈尔图书馆所著名的，也就是这一点。因为当初冰岛上有人专门收集这全部的材料，后来捐给康奈尔，并又斥资再由康奈尔到冰岛去搜集，因此我的母校就以冰岛文学著名于全世界。这种无所不收的材料，实在有非常的价值，非常的用处。

　　今天讲书的收集法，是极端主张要博，再从博而专门，古董家和道学家的方法是绝对要不得的。这不过是一个大概，神而明之，存乎其人。详细的办法，还须诸位自己去研究。

怎样读书①

　　我们平时读书的时候，所感到的有三个问题：一、要读什么书；二、读书的功用；三、读书的方法。

　　关于要读什么书的一个问题，在《京报》上已经登了许多学者所选定的"青年必读书"，不过，这于青年恐怕未必有多大的好处，因为都是选者依照个人的主观的见解选定的，还不如读青年自己所爱的书好。

　　读书的功用，从前的人无非是为做官，或者以为读了书，"颜如玉""黄金屋"一类的东西就会来，现在可不然了，知道读书是求智识，为做人。

　　读书的方法，据我个人的经验，有两个条件：一、精；

---

① 本文初为胡适在北京平民中学的演讲，题为《读书》。由啸尘记录的文字稿刊1925年4月18日《京报副刊》，后胡适对讲稿已做修改。

二、博。

精

从前有"读书三到"的读书法，实在是很好的；不过觉得三到有点不够，应该有四到：是眼到、口到、心到、手到。

眼到：是个个字都要认得中国字的一点一捺，外国的a，b，c，d，一点也不可含糊，一点也不可放过。那句话初看似很容易，然而我国人犯这错误的毛病的偏是很多，记得有人翻译英文，误"port"为"pork"，于是"葡萄酒"一变而为"猪肉"了。这何尝不是眼不到的缘故。谁都知道，书是集字而成的，这是字不能认清，就无所谓读书，也不必求学。

口到：前人所谓口到，是把一篇能烂熟地背出来。现在虽没有人提倡背书，但我们如果遇到诗歌以及精彩的文章，总要背下来，它至少能使我们在作文的时候，得到一种好的影响，但不可模仿。中国书固然要如此，外国书也要那样去做。进一步说：念书能使我们懂得它文法的结构和其他的关系。我们有时在小说和剧本上遇到好的句子，尚且要把它记下来，那关于思想学问上的，更是要紧了。

心到：是要懂得每一句、每一字的意思。做到这一点，要有另外的帮助，有三个条件：

（一）参考书，如字典、辞典、类书等。平常说："工欲善其事，必先利其器。"我们读书，第一要工具完备。

（二）做文法上的分析。

（三）有时须比较、参考、融会、贯通，往往几个平常的字，有许多解法，倘是轻忽过去，就容易生出错误来。例如英文中的一个turn字，作vt. 有十五解；作vi. 有十三解；作n. 有二十六解；共有五十四解。又如strike，vt. 有三十一解；vi. 有十六解；n. 有十八解；共有六十五解。又如go，vi. 有二十二解；vt. 有三解；n. 有九解；共有三十四解。

又如中文的"言"字、"于"字、"维"字，都是意义很多的，只靠自己的能力有时固然看不懂，字典里也查不出来，到了这时候非参考比较和融会贯通不可了。

还有前人关于心到很重要的几句话，拿他来说一说。宋人张载说："读书先要会疑，于不疑处有疑方是进矣。"又说："可疑而不疑者，不曾学，学则须疑。""学贵心悟。守旧无功。"

手到：何谓手到？有几个意思：

（一）标点分段。

（二）查参考书。

（三）做札记。

札记分为四种：

（甲）抄录备忘。

（乙）提要。

（丙）记录心得。记录心得，也很重要；张横渠曾说："心中苟有所开，原便札记，否则还失之矣。"

（丁）参考诸书而融会贯通之，作有系统之文章。

手到的功用，可以帮助心到。我们平常所吸收进来的思想，无论是听来的，或者是看来的，不过在脑子里有一点好或坏的模糊而又零碎的东西罢了。倘若费一番功夫，把它芟除的芟除，整理的整理，综合起来作成札记，然后那经过整理和综合的思想，就永久留在脑中，于是这思想，就属于自己的了。

博

就是什么书都要读。中国人所谓"开卷有益"原也是这个意思。我们为什么要博呢？有两个答案：一、博是为参考；二、博是为做人。

博是为参考。有几个人为什么要戴眼镜呢？（学时髦而戴眼镜的，不在此问题内。）干脆答一句：是因看不清楚，戴了眼镜以后，就可以看清楚了。现在戴了眼镜，看是清楚的，可是不戴眼镜的时候看去还是糊涂的。王安石先生《答曾子固书》里说：

> 读经而已，则不足以知经，故某自百家诸子之书，至于《难经》《素问》《本草》诸小说，无所不读；农夫女工，无所不问；然后于经能知其大体而无怀疑。盖后世之学者，与先生之时异矣；不如是，不足以尽圣人故也。……致其知而后读，以有

所去取，故异学不能乱也。惟其不能乱，故能有所
去取者，所以明吾道而已。

他"读经而已，则不足以知经"。我们要推开去说：读一
书而已，则不足以知其书。比如我们要读《诗经》，最好先去看
一看北大的《歌谣周刊》，便觉《诗经》容易懂。倘先去研究一
点社会学、文字学、音韵学、考古学等等以后去看《诗经》，就
比以前更懂得多了。倘若研究一点文字学、校勘学、论理学、心
理学、数学、光学以后去看《墨子》，就能全明白了。

大家知道的达尔文研究生物演进状态的时候，费了三十
多年的光阴，积累了许多材料，但是总想不出一个简单的答案
来；偶然读那马尔萨斯的《人口论》，便大悟起来，了解了那
生物演化的原则。

所以我们应该多读书，无论什么书都读，往往一本极平
常的书中，埋伏着一个很大的暗示。书既是读得多，则参考资
料多，看一本书就有许多暗示从书外来。用一句话包括起来，
就是王安石所谓的"致其知而后读"。

博是为做人。像旗杆似的孤零零地只有一技之艺的人固
然不好，就是说起来什么也能说的人，然而一点也不精，仿佛
是一张纸，看去虽大，其实没有什么实质的也不好。我们理想
中的读书人是又精又博，像金字塔那样。又大、又高、又尖，
所以我说："为学当如埃及塔，要能博大要能高。"

谈《红楼梦》作者的背景①

各位先生:

我是曾经在四十年前，研究《红楼梦》的两个问题：一个是《红楼梦》的作者的问题；一个是《红楼梦》的版本的问题。因为我们欣赏这样有名的小说，我们应该懂得这作者是谁。《红楼梦》写的是很富贵、很繁华的一个家庭。很多人都不相信，《红楼梦》写的是真的事情，经过我的一点考据，我证明贾宝玉，恐怕就是作者自己，带一点自传性质的一个小说，恐怕他写的那个家庭，就是所谓贾家，家庭就是曹雪芹的家，所以我们作了一点研究，才晓得我这话大概不是完全

---

① 本文为1959年12月30日胡适在台北中国广播公司的广播稿，收入《胡适演讲集》上册，1970年台北胡适纪念馆编辑、出版。

错的，曹雪芹的父亲；曹雪芹的一个伯父；曹雪芹的祖父；曹雪芹的曾祖父，三代四个人，都作过那个时候最阔的一个官，叫作江宁织造，江宁织造就是替政府，替皇宫里面织造绸缎的。凡是那个时候皇帝，那个时候宫廷里边用的绸缎，都是归织造，那个时候有江宁一个织造，苏州一个织造，杭州一个织造。这几个织造，可以说是很大的，可以说等于我们现在最大的绸缎纺织厂。同时他有余下来的，宫里不用的，还有皇帝赏赐百官的，之外，他还可以作国外通商。所以，这三个织造是当时最阔的官，《红楼梦》里贾家有一个世职，那个世职实在在我们的考究起来，就是曹雪芹的曾祖父；曹雪芹的祖父；曹雪芹的伯父同曹雪芹的父亲，三代四个人相继作了五十多年的江宁织造，就是所谓"世职"。很有趣的，就是《红楼梦》里有一段话讲到从前有一个李嬷嬷讲的，"从前太祖高皇帝南巡，到南方去巡河工的时候，我们家里曾经招待过皇帝，接驾一次，那一边说，我们招待过四次"。那么，这一个人家，能够招待过皇帝四次，这是倾家荡产的事。这个曹家，我们研究起来，的的确确，曾经在康熙皇帝下江南的时候，康熙皇帝下江南六次，其中有四次就是在曹家住，就是住在江宁织造府里边，所以的的确确作过皇帝的主人，招待过四次。这是最阔的一件事。所以，曹雪芹忍不住要把他的家里最阔的一件事，特别表出来。

　　我今天举这个证据，就是要我们知道，曹雪芹所写的极富贵，极繁华的这个贾家，宁国府，荣国府，在极盛的时代的富贵繁华并不完全是假的。曹家的家庭实在是经过富贵繁华的家庭。懂得这一层，才晓得他里面所写的人物。曹雪芹在这一回里面所讲的，我不写旁的事，我不写朝廷大事，我要写我一生认得的这些人，这几个人，尤其我认得的这几个女人，这几个女孩子。懂得曹家这个背景，就可以晓得这部小说，是个写实的小说，他写的人物，他写王凤姐，这个王凤姐一定是真的，他要是没有这样的观察，王凤姐是个了不得的一个女人，他一定写不出来王凤姐。比如他写薛宝钗，写林黛玉，他写的秦可卿，一定是他的的确确是认识的，所以懂得这一点，才晓得他这部小说，是一个自传，至少带着性质的一个小说。他写的人物是他真正认识的人物，那么，如果这个小说有文学的价值，单是这一点，刚才我讲的这一段曹家的历史，也许帮助我们的广大的听众，帮助他们了解《红楼梦》这个小说的历史考据也许有点用处。

书院制史略①

　　我为何讲这个题目？因为古时的书院与现今教育界所倡的"道尔顿制"精神大概相同。一千年以来，书院实在占教育上一个重要位置，国内的最高学府和思想的渊源，唯书院是赖。盖书院为我国古时最高的教育机关。所可惜的，就是光绪变政，把一千年来书院制完全推翻，而以形式一律的学堂代替教育。要知我国书院的程度，足可以比外国的大学研究院。譬如南菁书院，它所出版的书籍，等于外国博士所做的论文。书院之废，实在是吾中国一大不幸事。一千年来学者自动的研究精神，将不复现于今日了。所以我今日要讲这个书院的问题。

---

① 本文为1923年12月10日胡适在南京东南大学的演讲，原载1923年12月17日至18日上海《时事新报·学灯》副刊，又载1923年12月24日《北京大学日刊》，后又载1924年2月10日《东方杂志》第二十一卷第3期。

本题计分两节：第一，书院的历史；第二，书院的精神。兹分别言之：

一、书院的历史

（一）精舍与书院　书院在顶古的时候，无史可考；因古代的学校，都是私家设立，不甚出名。周朝学制，亦无书院的名称。战国时候，讲学风起，私家学校渐为人所器重。汉时私家传授之盛，为古所未有。观汉朝的国子监太学生，多至数万人，即可见学风之盛。六朝时候，除官学外，复有精舍。此精舍系由少数的贵族或士大夫在郊外建屋数椽，以备他们春夏射御，秋冬读书的处所。惟此精舍，仍由私家学塾蝉蜕而来，其教授方法，与佛家讲经相同。佛家讲经只许和尚沉思默想，倘和尚不明经理而欲请教于大和尚，此时大和尚就以杖叩和尚之头，在问者虽受重击，毫无怨言，仍俯首思索如故。有时思索不得，竟不远千里朝拜名山，俾一旦触机觉悟，此法系启发学者思想。不借外界驱策而能自动学习；所以精舍也采取佛家方法。其后道家讲经，也和佛家相同。到唐明皇的时候，始有书院的名称。书院之有学校的价值，固自唐始，但至宋朝更进步了。

（二）宋代四大书院　书院名称，至宋朝时候才完全成立。当时最负盛名的书院，如石鼓、岳麓、应天、白鹿洞，世人称为四大书院。这些书院，都系私人集资建造，请一个学者来院主教，称他叫山长。书院大半在山水优秀的地方，院内广藏书籍，使学生自修时候，不致无参考书。此藏书之多，正所以引起学生自由研究的兴趣。此四大书院，不独藏书很多，并且请有学者在院内负指导责任。来兹学者，如有困难疑惑之处，即可向指导者请教；犹如今日道尔顿制的研究室。所以宋朝的书院，就是为学者自修的地方。

（三）宋代书院制度　宋代书院制度，很可研究。每一个书院，有山长一人，系学识丰富的人充任。书院里藏书极多，有所谓三舍制，就如湖南潭州书院，分县学、书院、精舍三种。在州府县学里读书，都是普通之才；优者升入书院。当时书院的程度，犹如今日大学本科，倘在书院里考得成绩很好，就升入精舍。此时犹如今日入大学研究院了。又当时又有所谓大学三舍制，就是在宋仁宗的时候，大兴学校，令天下皆设官学，自己复于京师设立大学。考他的组织方法，也有三种阶级，在州县学读书，称曰外舍，等于大学预科；经一种考试升入内舍，等于今日大学本科；再经严格的考试，就升入精舍，等于今日大学研究院。这种制度，已在浙江书院实行了。

（四）宋代讲学之风与书院　宋代讲学之盛，古所未有。当时所谓州学、县学、官学，只有其名，而无其实。此等学校，吾无以名之，只得叫它曰抽象的学校，大概一位老师就是一个学校，老师之责任，就在讲经。当时入官学者甚少，国子监太学生都可花钱捐得。然而尊崇一派奉为名师，日趋听讲者亦甚多。听讲时大半笔记，不用书籍，如《朱子语录》，即学生所做的笔记。教法亦大半采佛家问答领悟之法，至于讲学之风，迨南宋时可谓登峰造极。当时学生所最崇拜的，只有二人，因此分为二派：一派当推朱子，而另一则为陆象山派。朱陆既殁，其徒散居各处，亦复以讲学为号召，所以私立的书院，就从此增多了。

（五）会讲式的书院　会讲式的书院，起自明朝，如无锡东林书院，每月订有开会时间。开会之先，由书院散发请帖，开会时由山长主讲一段，讲毕，令学生自由讨论，各抒意见，互相切磋，终以茶点散会。

（六）考课式的书院　考课式的书院，亦起自明朝。此式定每月三、六、九日或朔、望两日，由山长出题，凡合于应试资格的人，即可往书院应试。书院并订津贴寒士膏火办法，供寒士生活之用。此等书院，仅在考试时非常忙碌，平时无须开门，考课者亦不必在场内，只要各抒说论而已。

（七）清代的书院　清时学术思想，多不尊重理学一派，只孜孜研究考据实用的学问。学者贵能就性之所近，分门研究，研究所得，以笔记之。有时或做极长的卷折，以示造诣。所有书院，概系公立。山长由州府县官聘请富有学识者充之。山长薪水很大，书院经费，除山长薪水外，又有经临等费。学生除不收学费外，又有膏火津贴奖赏等。所以在学足供自给，安心读书，并可以膏火等费赡养家室，不致有家室之累。每一书院，藏书极多，学生可以自由搜求材料，并有学识丰富之山长，加以指导。其制度完备，为亘古所未有，而今则不复见了！

二、书院的精神

（一）代表时代精神　一时代的精神，只有一时代的祠祀，可以代表。因某时之所尊奉者，列为祠祀，即可觇某时代民意的趋向。古时书院常设神祠祀，带有宗教的色彩，其为一千年来民意之所寄托，所以能代表各时代的精神。如宋朝书院，多崇拜张载、周濂溪、邵康节、程颐、程颢诸人，至南宋时就崇拜朱子，明时学者又改崇阳明，清时偏重汉学。而书院之祠祀，不外供许慎、郑玄的神像。由此以观，一时代精神，即于一时代书院所崇祀者足以代表了。

（二）讲学与议政　书院既为讲学的地方，但有时亦为议政的机关。因为古时没有正式代表民意的机关；有之，仅有书院可以代行职权了。汉朝的太学生，宋朝朱子一派的学者，其干涉国家政治之气焰，盛极一时；以致在宋朝时候，政府立党籍碑，禁朱子一派者应试，并不准起复为官。明朝太监专政，乃有无锡东林书院学者出而干涉，鼓吹建议，声势极张。此派在京师亦设有书院，如国家政令有不合意者，彼辈虽赴汤蹈火，尚仗义直言，以致为宵小所忌，多方倾害，死者亦多，政府并名之曰东林党。然而前者死后者继，其制造舆论，干涉朝政，固不减于昔日。于此可知书院亦可代表古时候议政的精神，不仅为讲学之地了。

（三）自修与研究　书院之真正的精神惟自修与研究，书院里的学生，无一不有自由研究的态度，虽旧有山长，不过为学问上之顾问；至研究发明，仍视平日自修的程度如何。所以书院与今日教育界所倡"道尔顿制"的精神相同。在清朝时候，南菁、诂经、钟山、学海四书院的学者，往往不以题目甚小，即淡漠视之。所以限于一小题或一字义，竟终日孜孜，究其所以，参考书籍，不惮烦劳，其自修与研究的精神，实在令人佩服！

三、结论

本题拟举二例，作为结论：（一）譬如南菁书院，其山长黄梨洲先生，常以八字告诫学生，即"实事求是，莫作调人"。因为研究学问，遇困难处若以调人自居，则必不肯虚心研究，而近乎自暴自弃了。（二）又如上海龙门书院，其屏壁即大书"读书先要会疑，学者须于无疑中寻找疑处，方为有得"，即可知古时候学者的精神，唯在刻苦研究与自由思索了。其意以学问有成，在乎自修，不在乎外界压迫。这种精神，我恐今日学校中多轻视之。又当声明者，即书院并不拒绝科学，如清代书院的课程，亦有天文、算学、地理、历史、声、光、化、电等科学。尤以清代学者如戴震、王念孙等都精通算学为证。惜乎光绪变政，将一千年来的书院制度，完全推翻，而以在德国已行一百余年之学校代替此制，诩为自新。使一千年来学者自动的研究精神，将不复现于今日。吾以今日教育界提倡"道尔顿制"，注重自动的研究，与书院制不谋而合，不得不讲这书院制度的史略了。

教师的模范①

　　师范，就是教师的模范，他们至少要有两方面的理想。
人格方面，是要爱自由和爱独立，比生命还重要，做到"不降
其志，不辱其身"，把自由独立看作最重要的，这样人格才算
完满。另一方面是知识，就是要爱真理，寻真理，为真理牺牲
一切，为真理受苦，爱真理甚于自己的生命。

　　中国是具有五千年历史文化的古国，但却没有一个具有
六十年或七十年以上历史的大学。北京大学是一个很老的学
校，也不过六十二年，交通大学从它的前身南洋公学一起算进
去，也只有六十多年的历史，台湾大学从日据时代的台湾帝国
大学，到现在不过二十多年，一个有五千年历史的国家，没有

---

① 本文为1960年6月5日胡适在台北师大十四周年纪念会上的演讲，原载1960年6
月6日《新生报》。

六七十年以上历史的大学，是很使人惭愧的。

1936年，我曾代表北京大学参加哈佛大学成立三百周年纪念，有五百多个世界各地的著名学术机构和大学的代表都去道贺。在一次按照代表们所代表学校成立年代为先后的排队游行中，埃及的一个大学排在第一，但在历史上这个大学有一千多年的历史，是可怀疑的。实际可考的，应该是排在第二的意大利佛罗伦斯大学，才真正具有一千多年的历史。北京大学是排到第五百五十几名。

我在哈佛大学的餐会中，曾被邀请说话，我曾指出，北京大学是国立大学，是首都大学，也是真正继承中国历史上太学的学府。中国的太学是创始于汉武帝时代，这样算起来，北大历史应该要从纪元前124年算起，如果以这个历史为考据，北大该排在埃及大学的前面了。

北京大学不愿意继承太学是有原因的。中国的大学始于太学，但是从汉武帝到隋唐国子监，都没有持续性和继续性，当朝代间替，政府更换的时候，学堂也随着变换，使得学堂的设备、财产、人才、学风都缺乏继续的机构接替下去。

在中国，太学是政治机构的一部分，太学校长叫"祭酒"，他们升官了，就离开太学做官去。无论是学风、人才，都随着不同的朝代政府变迁更换。西洋的大学能够继续不断发展，有三个因素：第一它们有董事会，管理学校财产，像欧洲的大学是由教皇特旨，以教皇的许可状作为基础，连续有人负责学校的一切。第二，是教师会，它使得学校的传统学风能继续下去。第三，美洲的大学，都有校友会，校友们捐款给学校，推选董事参加董事会。

中国的大学有国立的、官立的、私立的，但却没有一个私立学校是完全私立的，大多是半官立的，太学在纪元前124年成立时，只有五个教授，五十个学生。王莽大兴学堂，曾筑舍万区，纪元后4年，太学生有六万多人，东汉迁都洛阳，太学仍在继续不断发展。汉光武帝革命的成功，全是王莽时代太学生的力量。"党锢之祸"发生以后，太学生才渐为大家所恐惧。

我们大学制度产生得很早，但是几千年来没有好好持续下去，造成了有五千年历史，而没有七十年以上大学历史的现象。

一个只有十四年历史的学堂，在教育史上还是个小孩子。十四岁的孩子是不应该为他大做生日的，但还是值得道喜。……

师大学生要以爱自由、爱独立、爱真理胜过生命的理想，担负起教养下一代的神圣使命。

中国人思想中的不朽观念①

在今天的演讲中，我预备把中国的宗教史和哲学史上各阶段有关不朽或人类死后依存概念的发展情况提供一个历史性的叙述。

这是一个冗长概括三千年的故事，但它的主要纲领却是大致还算明确的。中国人的信仰与思想史可以方便地分成两个主要时期：

（1）中国固有的文明时期（1300B.C.—200A.D.）

（2）中国思想与文化的印度化时期，也就是，佛教和印度人的思想开始影响中国人的生活和制度以来的那一时期（约

---

① 本文为1945年胡适接受哈佛大学殷格索讲座的邀请所发表的英文演讲，同年刊于《哈佛大学神学院院刊》，1963年杨君实中译文刊于1963年12月台北"中央研究院历史语言研究所集刊"第34本下册。

200A.D.—19世纪）。

为了研究中国宗教与思想史（the Religious and Intellectul History）的学者的方便，中国固有的先佛学时期（Pre-Buddhisticage）可再约略地分成两个主要时代：

（1）原始的中国主义时代（the Era of Primitive Siniticism），也就是商周民族的宗教信仰与习俗（Practices）的时代，对于这个时代，这里拟用了"华夏主义"（Siniticism）或"华夏宗教"（the Sinitic Religion）一词（1300B.C.—700B.C.）。

（2）思想与哲学的成熟时代（700B.C.—200A.D.），包括老子、孔子（551B.C.—479B.C.），迄于王充（29A.D.—100A.D.）以来的正统派哲学家。

为了特别有关中国人思想中的不朽概念的讨论，我们要问：

（1）关于早期华夏信仰有关人类死后存在的观念，我们究竟知道些什么？

（2）中国正统哲学家对于不朽的概念究竟有什么贡献？

（3）我们要怎样描述在长期印度文化影响下中国人的人类死后存在的观念？

二

史学界最重大的事件之一就是晚近的偶然发现，以及后来在安阳对千万片刻有卜辞的牛肩胛骨和龟甲有计划的发掘。安阳是商朝最后一个都邑的遗址，依照传统的纪年，商朝传国年代是1783B.C.—1123B.C.（或据另种推算是1751B.C.—1123B.C.）。这些考古学的发现物是安阳（译者按：这是指小屯村商代遗址）作为商代都城的大约260年间（即1385B.C.—1123B.C.）的真实遗物。

近几十年来成千万片刻有卜辞的甲骨已经被收集、研究和考释。实际所见这些骨质"文件"都是在每次占卜以后，由熟练博学的祭司负责保存下来的占卜记录。这些记录里载有日期[①]，负责卜问的贞人，卜问的事情，以及在解读了因钻灼而显出的卜兆而得到的答案。

大部分的卜问都是有关一年对于先公先王的定期祭祀，这一类的祖先祭典是非常频繁而有规律的，因此"中央研究院"的董作宾先生，1928年第一次指导安阳考古发掘且曾参加了后来历次发掘，已能编成了商代末期三个帝王在位期间计为1273B.C.—1241B.C.，1209B.C.—1175B.C.，以及1174B.C.—1123B.C.——总计120年中的祭祀日谱[②]。每一年中的定期祭祀多至三百六十次。所以商人称一年为一"祀"，一个祭祀的周期，实在是不足为怪的了！

其他卜问的事项包括战事、巡行、狩猎、收获、气候、疾

---

① 译者按：此处恐系干支纪日。
② 译者按：此系指《殷历谱》下编卷九《日谱》，依彦堂师商纣王帝辛纪年应为1174B.C.—1111B.C.。

病和每一句中的吉运等事项。

　　1928—1937年间科学的发掘结果掘出了几百座商代古墓葬，其中至少有四处是皇室大墓。除了成千成万片刻有卜辞的甲骨以外还发现了极多铸造精美的青铜礼器，生动的石质和象牙的雕刻，大量的家庭用器、武器和头盔，以及上千具的人体骨骸，此外，并发现有埋葬的狗、猪、羊、牛、马一类的家畜和其他多种动物。这些动物是为了奉献给死者而殉葬的。在一个坑穴中曾发现了三十八具马骨，全部都配戴着缀有许多带饰纹的小圆铜泡的缰辔；这些铜泡都还原封未动的摆着，而显出了组成辔头的皮条的痕迹（见H-G.Greel所著*The Brith of China*第150页）。

　　很多清楚的证据证明墓葬中有许多尸体是为了奉献给死者而埋葬的。1934—1935年间所发掘的多座墓葬中曾发现了千余具无头的人体骨骸。这些骨骸十具一组的分别埋在各个坑穴中。体骨埋在长方坑穴中……而头骨则埋在附近的方坑中。在一个方坑里埋有十个人头骨；头顶朝上，排列成行，全部面向北。跟人体骨骸一起发现的……有小铜刀、斧头以及砺石等三种器物。每坑总是各埋十件，明显地是每人一件（见Greel前书212—213页）。

　　这些就是考古学所发掘出来的文献和物质上的证据，借以使我们了解远古历史的华夏宗教（Siniticism）时期中有关祖先崇拜的信仰。

　　这是第一次使我们从商代王朝和官方所表现的这种祖先

崇拜的宗教的形式上认识了它的非凡的和奢侈的性质。传统历史曾记载商人是崇拜祖先的灵魂的。但是直到近年来我们才了然定期献祭的几乎令人难以置信的频繁，以及珍贵的殉葬的物品，特别是殉葬的人牲的惊人数量。

无疑的，这类祖先祭祀的周期频数和定期性证明着一种信仰，即死去的祖先一如活人似的也有情、欲和需求，而且这些情、欲和需求是必须借着经常的祭献而得到满足的。大批的殉葬器皿、武器、动物、奴隶和卫士即指示着同样的结论。

中国古代的文献把华夏宗教（Sinitic）时代的人殉品分为两类：第一类，即祭坛上所谓的"用人祭"。在这类人殉仪式中，显然只是用的战俘。另外一类，有一个专用名词，即"殉"，可以释为"死者的侍从"或"伴着死者被埋葬的人"。"殉"字据郑玄（死于200A.D.）的解说是"杀人殉葬以充死者卫士"。这就是说死者需要他自己的卫士保护他，也需要他的宠妾娈童（play boy）陪他作伴。因此被杀殉葬的就是死者曾经指命或愿意"陪伴"他而去的那些人了。

就后来有关"殉"的史证而论，这种杀人殉葬的风俗最初很可能是得于一种"献爱"（Love Offering）的风俗，因此将死的人自然会挑选他自己所喜爱的死后伙伴。但是这种风俗竟发展成为一种仪式，于是大批的武装士兵被杀死殉葬以充死者的"卫士"。商代墓葬中所发现的与伟大的死者同葬的人体遗骸无疑是为了充任王者的卫队的。其中很可能有的是选定随着王而殉葬的爱妃，但是他们的遗体却无法确认了。在甲骨卜辞上即有祭祖时献人俘的记载。

依照着一种规律的计划和数字的顺序来埋葬这些人牲的有条不紊的情形，显示了一种根深蒂固的礼仪曾长久地麻痹着人类的自然意识而使得这类惨绝人寰的事件成为常典。当王朝和政府正忙于日常繁复的祖祭的时候，博学的祭司便负起每天的祭礼、占卜、释兆和刻卜辞的职务——在这种情况下，那几乎不可能期望有任何重大的思想和宗教上的觉醒，以有助于宗教制度的变更和改造。这样的觉醒直到倾覆商代的一次大战灭亡了这个帝国以后，甚至在新的征服者的统治之下历经了几百年的种族和文化的冲突以后才告开始的。

三

商朝和商帝国是被周民族征服了的。最初周民族住在遥远的西方，逐渐向东移动，直到军力和政治经过百余年持续不断的发展，终在公元前十二世纪的最后几十年才将商人的军队和盟军压服。

在周朝创建者的一些诰誓中，征服者列举了商代政府及王廷的罪状。对于商代王廷的主要控罪是耽于享乐，罔顾人民，特别是纵酒。但是对于献祭举行的频繁、奢纵、残忍却未加以控诉或谴责。这一事实显示着新的征服者并不认为商代宗教有什么不寻常的残忍或是不当的地方。

但是周征服者似乎原有他们自己的宗教，虽然它包括了一些祖先崇拜的特征，却并没有加以强调，也没有制定过任何繁复的礼仪。另一方面，有许多证据说明这一西方民族是一个最高神，就是他们所谓"帝"或"上帝"的崇拜者。

安阳甲骨卜辞使许多学者推断"帝"甚或"上帝"的观念对商人是并不陌生的。商人有一种奉少数祖先为神明，也就是说赠予"帝"号的风俗，这似乎是很确实的。另一件事，也似乎是很可能的，就是商人随着时间的演进而发展出来"上帝"最高神，也就是他们的始祖。那是一个部族神。时常，一位在战争及和平时有丰功伟绩的伟大祖先会被提升到神的阶级，并且成为最高神的陪享者。对于神或祖神的祭献也叫作"禘"。傅斯年先生在所著《性命古训辨证》中列举了用有"帝"字的63条甲骨卜辞。在这些条卜辞中，有17次用"帝"字来指称对于神圣祖先的祭祀；6次用为祖神的尊称；26次用为"神"的尊称而没有附加其他形容字。在最后一类里，帝（god）据说能"致雨"、"止雨"、"降饥馑"等等。这无疑的暗示着一种一个有意识、有权力的神的观念——一种有神论的观念，这种观念似乎曾经由于更具优势的祖先崇拜的祭祀而在发展上受到抑制与阻碍。

周民族在与商文化的长时期接触中逐渐接受了商民族的部族神作为他们自己的神，并且认成是自己的始祖。由于其他种族或部落的借用，商人的神逐渐失去了他的部族属性，而终于变成了遍在的神和最高的主宰。

周人的宗教赞颂诗和政治上的诰誓显示出一种非常深挚的

宗教热诚。他们似乎深信，神不满于商代统治者的昏庸无道，因此把它的宠命①转赐给周人。他们在战场上的口号是：

> 上帝临女，无贰尔心。（译者按：见《诗》：
> 《大雅·大明》）

他们对于自己伟大的王的赞辞是：

> 穆穆文王，於缉熙敬止，假哉天命。（译者按：
> 见《大雅·文王》）

早期周人似乎发展出来一种含混的观念，以为上帝住在天上，他们有几位伟大的王也会到那里去，且与上帝同在。一首关于文王的颂诗曾这样说：

> 文王在上，……文王陟降，在帝左右。（译者
> 按：见《大雅·文王》）

又在另一首诗里：

> 下武维周！世有哲王，三后在天。（译者按：见

---

① 译者按：就是所谓周武王受命年之命。

《大雅·下武》）

这几节诗似乎指出，周人对于上帝和少数先王所居住的"天"的观念是有限度的。这几位先王由于特殊的德能勋业而被允许和上帝同在。

这样具有独占性的天堂，平民是不能分享的；平民大多数是商人，他们受着新的统治阶级的封建诸侯的统治。有些诸侯是从周王朝获得他们原来的采邑的。这些商人继续信奉他们的崇拜祖先的宗教。

但是这种奢纵的皇家祖先崇拜宗教的伟大时代已经永远的消逝了。伟大的每年周而复始的日祀——周祭也消逝了。大规模的人殉也消逝了。博学的皇家祭祀阶级也贬降为职业的巫史阶级（Professional Class of Scribes and Priests），而靠着在大多数平民和少数统治贵族的家庭中表演和协助殡葬和祭祀讨生活。国家的灾患和个人的贫困已经深深地给他们灌输了谦逊温顺的教训。因此这一巫史阶级便获得了"儒"的统称，意思就是温顺和懦弱。他们仍然传授和表演殡丧和祖先崇拜的传统仪式。

在周代和后来独立相伐的战国时期（1100B.C.—250B.C），统治阶级信神论的宗教（The Istic Religion）和平民更占优势的祖先崇拜宗教似乎已经相互影响而渐渐地融合成为一个可以恰当的称为"华夏宗教"（the Sinitic Religion）的宗教，一种很简化了的祖先崇拜，跟有神论的特性共存，像普遍承认和崇拜着一位高踞于其他小神之上的"天"或"上帝"。主要不同的一点就是长久的居丧期——为父母居丧三年——这原是商人一般奉行的,却长久遭受到周朝统治阶级的反对。这在300B.C.孟子的时代也仍是如此。直到公元二世纪以后,三年之丧才渐渐法定为政府官员的应遵守的礼法。

四

关于中国人最早对于人类死后遗存的观念,我们究竟能知道些什么呢?

首先让我们来观察一下古代在一个人死去的时候举行的"招魂"仪式。这种仪式见于最早的仪典,而且似乎曾普遍的奉行于华夏宗教的早期,就是所谓"复"的仪式。

当一个人被发现已经死去的时候,他的家属立刻拿着死者的一套衣服,登升屋顶,面向正北,挥动死者衣服而号告:"皋、某、复!"三呼而反,抛下衣服,再从屋上下来,拾起衣服,覆于死者身上,然后奉食于死者。①

这一古老的仪式暗示着一种观念,即一个人死了以后,有

---

① 译者按:此段包括《仪礼》及《礼记》两段记载内容。《仪礼·士丧礼》:"死于适室……复者一人,以爵弁服簪裳于衣左……升自前东荣中屋!北而招以衣曰:皋、某、复!三,降衣于前……升自阼阶以衣尸……莫脯醢醴酒"。《礼记·礼运》:"……及其死也,升屋而号告曰:皋、某、复。然后,饭腥而苴熟。"

些什么东西从他的身体内出来，且似曾升到天上。因此需在屋顶上举行招复的仪式。

这种招魂的仪式也许暗示着借企望召回逃离的一些东西而使死者复生，奉献食物这一点也似乎暗示着一种信仰，就是某些东西确实被召回来了，虽然这不能使死者复生，却认为是居留在家里，且接受祭献。

那么人死后从他身上出来的究竟是一些什么东西呢？那就是人的"光"或"魂"。在最早的文献上，是即所谓"魄"，就语源学上说，意思就是白色和亮光。值得注意的就是同一个名字"魄"在古代铜器铭文和记载上是用来指称新月增长中的光。新月以后的增长光亮时期即所谓"既生魄"；而满月后的末期，则称之为"既死魄"。原始的中国人似曾认为月有盈亏就是"魄"，即它的"白光"或"魄"的周期性的生和死。

依次类推，早期的中国人也就认为死是人的魄，即"光"或"魄"的离去。这种类推可能起源于"Will-o—the-Wisp"，即中国人现在所说的"鬼火"。在古代，"魄"认为是赋予人生命、知识和智慧的。人死，则魄离人体而变成或认为"鬼"，一种是幽灵或魔鬼。但是灵魄脱离人体也许是缓慢的随着生活力的衰退，魄就那么一点一点脱离身体了。迟至元前第六和第七世纪，学者和政治家在谈到一个人的智慧衰退情形时，就说是"天夺其魄"——意思是说，他将不久于人世了（见《左传·宣公十五年、襄公二十九年》）。

不过后来，魄的观念却慢慢地为新的灵魂观念所取代了；

认为灵魂是行动灵活飘然而无形、无色的东西。它很像是从活
人口里出来的气息。这就是所谓"魂"。渐渐地，原来"魄"
字便不再用来表示赋予生命和光亮的灵魂的意思，而衍变为意
指体躯和体力了。

"魂"字，就语源学来说，跟"云"字一样，都意指
"云"。云，飘浮，比盈亏之月的皎白部分也似乎更为自由轻
灵。"魂"的概念可能是源于南方民族，因为他们把"复"
（招呼死者）的仪式叫做"招魂"。

当哲学家们把重要的阴阳观念视为宇宙间的主动和被动的
两大力量的时候，他们是当然也尝试要协调不同民族的信仰，
而且认为人的灵魂包含着一种静止而不活动的"魄"和一种更
活动而为云状的"魂"。

公元前六世纪以后，人们便渐渐地习于把人的灵魂称为
"魂"或"魂魄"。在讨论到由于八年前一位曾有权势的政治
家被谋杀的鬼魂出现而引起的普遍骚动的时候，名政治家子产
（死于公元前522年）——当时最聪明的人之一曾说，一个死于
非命的强人会变成危害人类的幽灵的。他的解释是这样："人
生始生曰魄，既生魄，阳曰魂。用物精多，则魂魄强。是以有
精爽，至于神明。匹夫匹妇强死，其魂魄犹能冯依于人以为淫
厉，况良霄（被杀的政治家，他的出现已传遍全城），我先君
穆公之胄，子良之孙，子耳之子，数世之卿，从政三世矣……
其用物也弘矣，其取精也多矣……而强死，做为鬼，不亦宜
乎？"（《左传·昭公七年》）

另外一个故事，叙述当时南方吴国另外的一个聪明人季札。他（约在公元前515年）负着外交使命而在北方旅行，旅途中他的爱子死去了。孔子由于这位习于礼的伟大哲学家季札的盛名的感召曾往而观葬。既封墓，季子左袒绕墓三呼道："骨肉归复于土，命也。若魂气，则无不之也，无不之也。"仪式既毕，季札便继续登程了。

这两个常被引述的故事或可指出：一些贤智之士意在从矛盾纷纭的流行信仰基础上抽出一些有关人类"残存"永生（survival）的一般观念。这种一般性的理论，为方便计可援用下列的几句经文加以简赅的说明："体魄则降，知气在上。"（《礼运》）又"魂迷归于天；形魄归于地"（《郊特牲》）。显然的，简赅的陈述，跟季札在他儿子葬礼中所谓："骨肉归复于土。若魂气，则无不之也"的话是大致符合的。

正统派哲学家关于魂魄仅讨论到这里为止；他们不再臆测魂气离开人体而飘扬于空中以后究如何演变。他们以自称一无所知，尽力的避免讨论。有的哲学家，如下文所知，实际上甚至否认鬼神的存在。

但是，一般人民却并不为这种犹豫所困扰。他们认为灵魂是一种事实，是一种真实的事物。他们确信灵魂或游动于地下甚或人世之间，通常是看不见的，但在必要时也可以显现。他们确信：正由于有灵魂，才有鬼神；灵魂本来的居处虽是在坟墓内或地下——"黄泉"——却可以且愿意探亲家里族人；鬼魂能够而且真的享用祭献的食物。同样的，他们相信，如果不供献食物，鬼会饿，并且可以"饿死"。因为一个古老的信仰说"神不歆非类"（《左传》），正是肇端于这种古老的祖先崇拜宗教信仰，也正由于这才使得人而无后成了一大罪愆。

此外，另一个有关的信仰认为鬼魂如无处可去和享用应得的祭献，就会作祟害人。而这种信仰使得死后没有子嗣的人可以指定和收继子嗣的那种制度合理化了。

但是，甚至在最早的历史时期，中国人的祖先崇拜已对于要崇拜的祖先的数目却上了一项限制。就没有官阶的平民来说，祭献只限于去世的父母和祖父母，甚至在大家族内，祭祀也仅限于三四代。远祖由于每一新的世代（的死亡）而被跻升成为迁祧不祀的阶级。关于例常的迁祧的制度，儒家已有详细的考订，且用于皇朝和帝室的祖先。

那么迁祧的祖先灵魂将会怎样呢？他们不会饿死吗？答案曾是这样，即灵魂渐渐地缩小而最后完全消失。一种流行的信仰认为"新鬼大，故鬼小"[①]。就基于这类信仰。在古老的字典上，"死"字便被界说为"澌灭"（《说文》）。这项定义综括了中国平民的常识和知识阶级的怀疑主义（Skepticism）和理

---

① 陈槃谨案文二年《左传》："大事于大庙，跻僖公，逆祀也（杜解：僖是闵兄，不得为父子。尝为臣，位应在下。令居闵上，故曰逆祀）。于是夏父弗忌为宗伯，尊僖公，且明见曰：吾见新鬼大，故鬼小。先大后小，顺也（解：新鬼，僖公，既为兄，死时年又长。故鬼，闵公，死时年少。弗忌明言其所见）。"依旧说，则僖公于闵公为兄，故其死也为鬼大。闵公为弟，故其死也为鬼小。亦即鬼之大小视其人之长少，不关新故。此说胡先生所不取，然读者详焉可也。

性主义（Rationalism）。总之，早期中国人的华夏宗教含有着一些有关人类死后遗存的观念的，不过赋予生体以生命和知识的人体灵魂，虽视其强弱而做一个短时期的鬼神，却仍渐渐地衰萎而终至完全消散，它不是不灭的。

五

现在，纵是这样中庸的一种有关人类死后遗存的观念也受到哲学家们怀疑和警惕的批评。甚至是出身于巫史阶级的"儒"，且经训练而专司丧祖先祭祀种种仪礼的人正统派哲学家们，也为了祭献和殉葬品的奢侈，以及在某些有权势的阶层中仍残余的原始人殉习俗而感到困扰。

在《左传》（722B.C.—468B.C.）这编年史里有六条关于"殉"即杀人殉葬的记载（分见文公六年，宣公十五年，成公二年、十年，昭公十三年，定公二年），其中只有一例（宣公十五年）记载着有意违背了即将死去的父亲的愿望而没有用他的宠妾殉葬。另外的五例则连累了许多人命牺牲在王室的墓葬中。其中两例（昭公十三年及定公二年）正当孔子（公元前551—公元前479年）生时昭公十三年，楚王在内战流亡途中死于芈尹申亥氏。申亥曾以他的两个女儿殉葬。

《檀弓》（《礼记》卷二，其中包括很多关于孔子和他的第一、二两代弟子以及同时代人的故事）曾显然带有赞许意味地举出两条委婉拒绝以人殉葬的例子。而这两个例子都似乎属于孔子死后不久的时代。

此外《左传》还记载了七条（见宣公十五年、三十年，成公三年，昭公五年、九年、十年，定公三年）有关另一型人殉的例子即献俘于祭坛。其中三例，都是用战俘的血衅鼓的奇异风俗——不过牺牲者都被赦免了。定公七年一例，有一个战败"夷狄"之族的王子在战役中被俘，而活生生的送到祭坛作了牺牲，不过祭仪以后却饶了他的命。这条例证是当孔夫子约五十岁时发生在他的故乡鲁国。

这些史例虽限于王朝贵族中国家的活动，但无疑的说明了以人当已死祖先的牺牲一持久而普遍的风俗。不过由于文明的一般发展早已经达到一个相当高度的人文主义和理性主义的水准，所以大部分这类不人道的习俗的记载都附有史家的严厉非议。纵是这样，这一类的事件在号为文明国度里却仍然被可敬重的人们在奉行着。因此，当时的思想家为促成这种不人道习俗的宗教观念所困恼就无可惊异了。

孔子一派的哲学家似乎获得这样的结论：即促成人殉和厚葬的基本观念就是相信人在死后仍保有他的知识和感觉。孔子的一位弟子曾说过："夏后氏用明器，示民无知也。殷人用祭器，示民有知也。周人兼用之，示民疑也。"（见《礼记·檀弓上》）这段说明坦率的指出明器殉葬和人死后有知的信仰间的历史关联。

孔子自己也持同样的看法。他说："为明器者知丧道矣。……哀哉死者而用生者之器也，不殆用殉乎哉！……涂车

雏灵自古有之，明器之道也。……为俑者不仁，殆于用人乎哉？"（《礼记·檀弓下》和《孟子》卷一第四章）

显然的，孔子和他的一些弟子公开反对以真实的用器殉葬，因为这会暗示人类死后仍然有知的信仰。但是，他们是不是就那样公开地承认且宣扬死者是无知的呢？

孔子和他同派的学者偏于采取一种不轻加臆断的立场，而把这个问题加以保留。孔子说："之死，而致死之，不仁，而不可为也；之死，而致生之，不知，而不可为也。"（见《礼记·檀弓上》）那么正确的态度就是"我们无所知"。

这种事在《论语》中表现的更为明显。当一位弟子问如何事奉鬼神的时候①，孔子说："未能事人，焉能事鬼？"于是这位弟子又说："敢问死？"孔子说："未知生，焉知死？"（见《论语·先进》）又某次，孔子问弟子："由，诲汝知之乎？知之为知之，不知为不知，是知也。"（见《论语·为政》）

就孔子某些弟子来说，只要从不知论的立场再走一步，就会坦白地否认人死后有知，从而否认一切有关鬼神上帝的存在和真实性。公元前五世纪到四世纪时，儒家曾受到敌对的墨教学者的驳斥，认为他们实际是否定鬼神存在的。

墨教是公元前五世纪最伟大的宗教领袖墨翟倡导的。他竭诚奋力地想与人民的神道宗教辩护和改造，因此颇惹起一阵骚

---

① 译者按：此弟子是子路。

动。他信仰一种人格神（a Personal God），而神是希望人该兼爱无私的。他坚决相信鬼神的存在的真实性。在《墨子》一书内，较长的一篇文章就是《明鬼》（卷三十一）。在这篇文章内，墨翟试图以三类论据辩证鬼的存在：（1）许多人确曾见过鬼或听到过鬼的声音；（2）鬼的存在，明白地记载或暗示于许多古籍中；（3）承认鬼神存在有助于人类的道德行为和国家的安谧。

墨翟复兴了并且建立了一个具有伟大力量的宗教。他是中国历史上最伟大最可敬爱的人物之一。但是他却没有"证明"鬼神的存在。

稍后，正统派的中国思想家或不仔细思索而直接地接受了传统的崇拜和祭祀，或是以孔子不轻加臆断的口实而承认他们不知道人在死后究否有知。为了更确定孔子的立场，晚期的儒家捏造了一个故事，作者不明，故事本身初见于公元前一世纪继而以增改的形式而流行于纪元三世纪。故事是这样的，一位弟子①问孔子死者是否可知，孔子说："吾欲言死者之有知，将恐孝子顺孙妨生以送死。吾欲言死之无知，将恐不孝之子弃不葬。赐欲知死者有知与无知非今之急，死后自知之。"（见刘向《说苑》卷十八；孔子《家语》卷二）

但是有些中国思想家却坦白地采取一种无神论的立场。中国最伟大的哲学家之一王充（27A.D.—大约100A.D.）写过几篇

---

① 译者按：即指子贡。

论文（见《论衡》卷六十一、六十三、六十五）以证明："人死后并不变为鬼，死后无知同时并不能伤害人类。"他直认：当血液在一个人的脉管中停止循环，他的呼吸与灵魂随即分散，尸体腐烂或为泥土，并没有鬼。他的最出名的证明无鬼的推论之一是如此的：如果真的鬼系由死人灵魂所形成，那么，人们所见到的鬼应该是裸体的，确实应该没有穿衣裳。实在的，衣服与带子腐烂后不会有灵魂存在，如何能见到穿着衣裳的鬼？

就我所知，这项论证从来还没有被成功地驳倒过。

六

几乎就在王充致力于他的伟大《论衡》的时候，伟大的佛教侵入了中国，且已经在群众和有权势的阶层中收到了教徒。在短短的两三个世纪内，中国就被这个印度宗教征服了；中国人的思想和信仰，宗教和艺术，甚至生活的各方面，都逐渐地印度化了。这种印度化的过程持续了近乎两千年。

严格地说，原来的佛教是一种无神论的哲学，主张万物包括"自己"，都是原素（elements）的偶然组合，且终将分散而复成为原素。没有什么是永恒的，也无所谓持续和稳定（continuity and stability）。无我，无相，无性（no self，no ego，no soul）。

但是中国人民对于这类形而上的理论却并不感兴趣。在一般人心目中，佛教所以是一个伟大的宗教，因为它首先就告诉中国人有很多重天和很多层地狱；首先告诉中国人以新奇的轮回观念和同样新奇有关前生、今世和来世的善恶报应观念。

这些新奇的观念急切地为千百万的中国男女接受了，因为这正是古老华夏宗教所缺少的。在漫长的岁月里，这一切观念都变成了中国宗教思想和信仰的一部分。它们也变成了复兴的华夏教，即现在盛行的所谓道教的一部分。天堂现已采用了中国名称，地狱也由中国的帝王和审判官来监理。天国的喜悦，地狱的恐怖，天路旅程的逍遥，地狱苦海的沉痛——所有这些观念不仅颂之于歌，笔之于奇幻的故事，并且在到处的庙院里绘成了巨幅生动的壁画，以作为人们日常的启迪和戒惧。

在这种情形下，古老的华夏信仰因愈变得丰富、革新而加强起来了。同样，华夏文化也因此而印度化了。同样，关于灵魂和灵魂永存的古老概念也就逐渐完全改观。灵魂虽仍叫魂，但是现在却认为它能够周历轮回而永生的，且无论是好或坏，完全依着善恶报应的绝对因果关系。只有"魂"才进入兜率天，或受无量寿和永明的阿弥陀佛支配的极乐世界。但作恶者的灵魂却要下地狱，遭受下油锅、慢慢地凿、捣、研磨、大卸八块（分尸）一类的酷刑。

中古时代的中国遭受的这种佛教的征服锐不可当，因此许多的中国学者都被震吓住了。他们面对新宗教夸张的象喻和暧昧的形而上学，而感到耳目眩迷，甚至为之俘获。但是随着时期的演进，中国的人道主义、自然主义和怀疑主义却又渐渐地恢复起来了。

大约在公元510年，也就是佛教征服的高潮时期，一位经学家范缜开始攻击这一新的宗教，而坦白否认灵魂的存在。他撰写了一篇《神灭论》，内中指称："神即形也，形即神也，是以形存则神存，形谢则神灭也。"下面则是他最精辟的一段辩论："形者神之质，神者形之用……神之于质，犹利之于刀……舍利无刀，舍刀无利，未闻刀没而利存，岂容形亡而神在。"①

范缜的论文包括三十一项问题和解答。他在文末指出，文旨在从虚伪自私的佛教的统治下解放出可悯的中国。

范缜论文的发表大大的触怒了虔信佛教的梁武帝（502A.D.—549A.D.），和尚和尼姑都骚动起来。皇帝发布了一项驳斥范缜论文的命令，提醒他们举凡三大宗教——儒教、道教、佛教——都一致主张灵魂的不灭性，而且不学无术、心胸狭隘的范缜至少应该晓然儒家的经典对于这一课题曾是如何解说的。这项皇帝的敕命曾被一位伟大的佛教方丈热忱地加以翻印，并分送给六十二位王族、朝廷大臣和当时有名的学者以资征询意见。这六十二位名士在复函里都由衷地赞颂皇帝的驳斥。

但是史家告诉我们：虽然整个朝廷和全国因范缜的理论而骚动，没有一个人在反驳他的辩论上获得成功。

范文所称灵魂只是身体功能的表现，并不能在身体死后独

---

① 译者按：见《梁书》卷四十二《范缜传·神灭论》。

存的论见对于后世中国思想有重大的影响。如哲学家兼史学家的司马光（1019A.D.—1086A.D.）在驳斥流行的天堂地狱信仰时就抱持类似的理论。他说："甚至假如有地狱和凿、焚、捣、研等刑法，当尸体已腐烂，灵魂也已分散时，还遗留有什么东西来承受这些酷刑？"这真是范缜理论的一项注解了。

七

因此我们考证的实在结果应可分为两方面：（1）流行的中国固有宗教甚至即在一些显然有识者的努力以求其系统化合理化以后，也仍含有一种关于人类灵魂及其死后永存的书丛单纯观念。而且正是这种中国的灵魂观念，才由于印度佛教的新思想，而为之加强和革新。（2）中国重要的智识界领袖对于这个问题似乎没有积极的兴趣，果然他们有些什么兴趣的话，他们的讨论也常常要不是终于不可臆断，即是公然否定灵魂和它的不灭。

这使我们要提出两个问题：（1）中国思想家对于灵魂和它的不灭问题为什么不感兴趣？（2）在知识阶级的宗教或精神生活中有没有什么可以认为是代替人类不朽概念的？

第一个问题的答案是中国文化和哲学的传统由于素来偏重人道主义和理性主义，所以哲学家便不大认真关心于死后生活和神鬼的问题。孔子说："未能事人，焉能事鬼？""未知生，焉知死？"这几句话可作为这方面的说明。

另外一次，孔子说："君子不忧不惧，内省不疚，夫何忧何惧。"（《论语·颜渊》）在这个人类世界上，道德的生活本身已足够是一个目的，固不需忧虑事后未来或畏惧鬼神。

孔门伟大弟子之一的曾子也给我们留下了一个楷模。他说："士不可以不弘毅，任重而道远。仁以为己任，不亦重乎！死而后已，不亦远乎！"（《论语·泰伯》）一个中国君子，如果没有深受印度思想和信仰的影响，对于"死而后已"的想法是不会感到痛苦和后悔的。

现在谈到第二个问题：就中国知识分子来说，究竟有没有什么中国人的概念或信仰可以取代其他宗教人类不朽观念呢？

当然有的，据《左传》记载，公元前549年——即孔子不过是两岁大的孩子的时候——鲁国的一个聪明人叔孙豹曾说过几句名言，即所谓有三个不朽："太上有立德；其次有立功；其次有立言。虽久不废，此之谓不朽。"同时，他举了一个例："鲁有先大夫曰臧文仲，既没，其言立。"①这段话两千五百年来一直是最常被援引的句子，而且一直有着重大的影响。这就是一般所谓的"三不朽"，我常常试译为"三W，即德（Worth）、业（Work）、言（Words）的不朽"。

三不朽论的影响和效果是深厚宏达而不可估计的，而且它本身就是"言"之不朽的最佳的证明。

公元1508年，伟大的哲学家王守仁（1528年逝世）的学生问他炼丹术究否可以延年益寿。他答说："我们孔夫子的学派

---

① 译者按：见《左传·襄公二十四年》。

也有我们不朽的见解，例如孔夫子最喜爱的弟子颜回三十二岁去世，但他今天仍然活着，你能相信吗？"

我在写这篇论文的时候，我的记忆使我回想到五十多年前，回想到安徽南部山中我第一次进入的那个乡村学校。每天从高凳上，我可以看见北墙上悬挂的一幅长轴，上面有公元八世纪时政治家和大书法家颜真卿写的一段书札的印本。当我初认草书时，我认出来这张书札开头引用的就是立德、立功、立言的三不朽论。五十年匆匆地过去了，但是我第一次发现这些不朽的话的深刻印象却一直没有毁灭。

这古老的三不朽论，两千五百年来曾使许多的中国学者感到满足。它已经取代了人类死后不朽的观念，它赋予了中国士大夫以一种安全感，纵然死了，但是他个人的德能、功业、思想和语言却在他死后将永垂不朽。

我们不必认为仅有伟大的德能、功业和教言才是不朽的。就我们现代人来说，我们应十分可能且合理的把这种古老的观念重加阐释，民主化或社会化。这样，则所谓德也许才可以意味着我们所以为人的一切，才可以意味着我们所为的一切，才可以意味着我们所想的和所说的一切。这种学说可以得到一种现代的和科学的意义，就是在这个世界上的任何一个人，不论他怎样的鄙陋低微而不足道，总都会留下一些东西，或善或恶，或好或坏。由于不只是好的才能留下来，所以古语说得好："遗臭万年。"对于恶善贤愚不肖都可以贻人的影响的这种了解，而使我们对自己所以不朽的行为思想和言语道义，深

深地怀有一种道义的责任感。举凡我们的为人、行事和言谈在
这个世界上的某些地方，都会发生影响，而那种影响在别的地
方又会发生另外的影响，如此而至于无穷的时间和空间。我们
不能全然了解一切，但是一切都存在那里，而至于无穷尽。

　　总之，就像猫狗会死一样，个人也会死的，但是他却依然
存在所谓人类或社会的"大我"之中，而大我是不朽的。大我
的继续存在，成为无量数小我个人成功与失败的永存纪念物。
"人类的现状固源于我们若祖若父的贤愚，但是我们终将扮演
成何等角色，则须从我们未来的情势去加以判断"。

谈谈中国思想史[①]

在三千年中间的中国思想史，我想可以寻出一点线索来，不管它是向左，向右，或是向前，向后。中国思想史如此多的材料，如没有线索，必定要散漫。我的见解也许有成见，可是研究了三十多年，也许可给诸位作一参考。

简单说来，思想是生活种种的反响，社会上的病态需要医治，社会上的困难需要解决，思想却是对于一时代的问题有所解决。经济对思想的影响最大，尤其是在近两三百年来，经济极为重要。生活的方式，生产的方式，往往影响于思想。下面分三个时代来讲：

---

① 本文为1947年胡适在北京辅仁大学的演讲，原载1947年6月《学风》第1卷第6期。

第一个时代——从商末到周初。

在这个时期里经济并不占重要地位，几百几千年的生活方式和生产状态，并没有多大变迁，更无所谓产业革命。古代思想最重要的是政治和宗教。《史记》作者司马迁分古思想家为六派：即阴阳、道德、儒、墨、法、名等。但是这六派都是"皆务为治"，亦即怎样治理国家社会。廿九年来从发掘安阳商代文化，发现许多材料，可使我们了解古代政治和宗教的生活。那时的政治和宗教合在一起，相互为影响。他们的主要生活是祭祖，按照祖宗的生日排成祭日表，一年三百六十五天都在祭祀，那时的宗教以祖为本，而且是很浪费、很残忍、很不人道的宗教。人死之后，拿来殉葬的是宝贵的饰物和铜器等，牺牲品往往用到几十只甚至几百只牛羊，这是多么浪费！用"人"来祭祀，一为"殉"，即把死人所爱的人和死人埋葬在一起。一为"祭"，即以人作牺牲品来祭神，但多用俘虏。这又是多么残忍！由于这"宗教"的浪费和残忍！至少可以有一种反抗的批判的思想出来。由此，我们可以看出四种思想的产生：

第一点：人本主义。在纪元前三世纪至六世纪，思想很发达，无论哪一派哪一家，其共同的一点是注意到"人"的社会，并且首创不能治人，怎样祀神的论调，讲所谓"治人之道"。

第二点：自然主义。针对前时代反映而出的这种主义，是很重要的一点。"自"是"自己"，"然"是"如此"，所谓"自己如此"，亦即自己变成了自己。如乌龟变成乌龟，桃子变成桃子等。两千多年这"自己变成自己"的形质，形成中国思想上很大的潮流。如老庄的思想，即是含有这种思想。

第三点：理智主义。那个时代如孔子所谓："终日不食，终夜不寝，以思。"便是说明个人须作学问，并且提倡教育的路，无论那时学派思想如何复杂，也都是重知识，所以说已走上了知识主义、理智主义的大路。

第四点：自由思想。在若干国家对立时代，往往有思想的自由。那时有极端的个人主义者，如《吕氏春秋》；亦有提倡民主革命的，如《孟子》。

第二个时代——从汉到宋。

这一时代发生了极新的问题，一是国家的统一，一是新宗教佛教的传入，而普遍全国。于是由此引起了两种思想，即：（一）在武力统一政治下，如何建立一文治政府，减低人民压迫。（二）如何挽救全国人民的宗教热。前者如何建设文治政府，遂产生了四种工具：

第一个工具：建立文官考试制度，自汉武帝时开始，这制度一直发展到科举制度。

第二个工具：汉武帝时设立太学，造就文官，至东汉时已有一万多太学生。

第三个工具：建树成文法律，提倡法治。

第四个工具：建设前一时代有同等权威而加强政治力量

的经典，由此而断大案。

至于后者如何挽救宗教热，则有两点：第一点：提倡自然主义，如王充以自然思想解释自然现象。第二点：提倡人本主义，如范缜以人和物体相等视，有物体才有精神，韩愈的倡"原道"，乃要人恢复到"古代之社会"。

第三个时代——从宋代以后。

在这时代里产生了理学，亦即要恢复到古代好的制度和好的思想，拿本位文化来抵制非本位文化。理学亦即为道学，相信自然界有一法则存在。并且有两条路：一是"敬"，一是"致知"。第一条路主"敬"，我们可以看出经过了一千多年，仍不免要受到宗教的影响。第二条路是"致知"，亦即扩展个人知识。天地之大，草木之微，其中皆存有一"理"在。在这七八百年当中，理学始终是走这两条路，并且也成了号称"中国的本位文化"。而"致知"更为"科学"的路，科学的"目标"。

总括的说，在从前的时代，工具不够用，材料不够多。现在则以全世界为我们的材料，以全世界为我们的工具，以全世界为我们的参考，那么我相信有比较新的中国思想可以产生。

终身做科学实验的爱迪生[①]

今天2月11〔日〕是爱迪生的一百十三年纪念日。明天2月12〔日〕是林肯的一百五十一年纪念日。去年2月12日，我参加林肯一百五十年纪念演说。今天我很高兴能参加爱迪生一百十三年的纪念会。

林肯是自由的象征，爱迪生是科学的圣人。

科学的根本是实验。爱迪生真是终身做实验的工作。他十一岁时就在他家里的地窖子里做化学试验；十二岁时他在火车上卖报纸卖糖果，他就在火车的行李车上做他的化学实验。十五岁时，他开始学电报，就开始做电学实验，要改进电报的器材与技术，从此他就终身没有离开电学试验了，就给电学开

---

① 本文为1960年2月11日胡适在台北国际学会爱迪生生日纪念会上的演讲，原载1960年2月12日台北《中央日报》《公论报》。

辟了新天地，给世界开辟了新文明，给人类开辟了一个簇新的世界。

从十一岁开始做科学实验，直到他八十四岁去世，他整整做了七十三年的实验工作。所以我们称他为终身做实验的科学圣人。

他每天只睡四个钟头的觉，至多只睡六个钟头。他每天做十几个钟头的工作，他的一天抵别人的两天。他做了七十年的实验，就等于别人做了一百四十年的实验工作。

中国的懒人，有两首打油诗，一首是懒人恭维自己的：

> 无事只静坐，一日当两日。
> 人活六十年，我活百二十。

还有一首是嘲笑懒人的：

> 无事昏昏睡，睡起日过午。
> 人活七十年，我活三十五。

睡四点钟觉，做二十点钟科学实验，活了八十四岁，抵的别人一百七十岁——这是科学圣人的生活。

在New Jersey的West Orange的爱迪生实验室里——现在是"国家的爱迪生纪念馆"的一部分——保存着二千五百册他的实验纪录，每册有二百五十页，或三百页。最早的一册是他三十一岁（1878年）的纪录。

单是"白热电灯"的种种实验，就记满了二百册！他用了几千种不同的材料来试验——各种矿物、金属，从硼砂到白金，后来又试验炭化绵丝，居然能燃烧四十多个钟头，后来又试验了几百种可以烧作炭精丝的植物，最后才决定用日本京都府下的八幡地方所产的竹子做成最适用的炭精丝电灯泡。

科学实验是发现自然秘密、证实学理、解决工业技术问题的唯一方法。

在他八十岁时，有人请问他的生活哲学是什么，他说，他的生活哲学只有一个字："工作"（work），"把自然界的秘密揭开来，用它们来增加人类的幸福，这样的工作是我的生活哲学"。

他的实验并不都是创造的、空前的。但他那处处用严格的实验方法来解决工业问题的精神，他那终身作实验的精神，他那每次解答一个问题总想做到最好、最完美（Perfect）的地步的精神，他那用组织能力来创大规模的工业实验室与研究所的模范，可以说是创造的、空前的（现今美国有四千个工业研究实验所，都可以说是仿效爱迪生的实验室的）。

他的绝大多数的实验与发明（他一生得到专利权的发明有一千一百件），都是用前人的失败与成功做出发点的。他说：

　　　　每回我要发明什么东西，我总要先翻读以前的

人在哪个问题上做过了的工作（图书馆里那些书正是为了这个用处的）。我要看看以前花了大工夫，花了大经费，做出了一些什么成绩。我要用从前人做过的几千次试验的资料做我的出发点，然后我来再做几千次试验。

这是他做实验的下手方法。

他在1921年1月曾说：

　　我每次想做一件尽善尽美的工作，往往碰到一座一百尺高的花岗石的高墙。碰来碰去，总过不了这百尺高墙，我就转到别的一件工作去用功。有时候——也许几个月之后，也许几年之后，忽然有一天，有一件什么东西被我发明了，或是别人发明了——或者在这世界的某一个角落，有一件新事物出现了——我往往能够认识那件新发明可以帮助我爬过那座高墙，或者爬上去几十尺。

　　我从来不许我在任何情形之下感到失望。我记得，我们为了一个问题做了几千次实验，还没有能够解决那个问题。我们的一个同事，在我们最得意的一次实验失败之后，就灰心了，就说，我们不会找出什么来了。我还是高高兴兴的对他说，"我们不是已经找出了不少东西了吗？"我们已经确实知道这条路是走不通的了，以后我们必须另走别的路子了。只要我们确已尽了我们最大的思考与工作的努力，我们往往可以从我们的失败里学到不少的东西。

这是爱迪生作科学实验，经过几千次失败而永不灰心失望的精神。

他在十二三岁时，耳朵就聋了。他一生是个聋子，但他从不因此减少他工作的努力。他在七十八岁时（1925年），曾有一篇文字说他的耳聋于他只有好处，于世界也只有好处。他说：

> 因为我成了个聋子，我就把Sesroit的公立图书馆做我的避难所。我从每一个书架的最低一层读起，一本一本的读，一直读到最上一层。我不是单挑几本书读，我把整个图书馆都读了。后来我买了一部Swoin出版的最廉价的百科全书，我也从头到尾全读了。

他还说两三个笑话：这是耳朵聋给他自己的恩惠。他还说，他费了多年心力去发明、制造留声机，"别人听了满意了，我总不满意，总想设法改善到最完美的地步，这也是因为我是个聋子，我能听别人不能听见的音乐声音"。他还说，Bell发明了电话机，他听了总觉得声音太低、太弱，他听不清，所以他想出种种改良方法，把电话改良到他听得清楚才满意。他的改良部分（炭素传声器）（Carbon Transmitter）后来卖给Bell，就使电话大改善。

　　后来我被选作一个商业组织的会员，常常参加他们的大宴会，往往有许多演说，我耳聋听不见演说，也不免感觉可惜。有一年，他们把宴会的演说印出来了，我读了那些大演说之后，从此就不感觉耳聋是可惋惜的了。……有一天，有一位社会改良家到新新大监狱去向监中囚犯大演说。有一个犯人听了半点钟，实在受不了，就大喊起来。管监的人一拳打去，把那犯人打得晕过去了。过了半点钟，他醒过来了，演说家还在讲。那犯人走过去，对管监的说："请你再打一拳，把我打晕过去罢！"

　　前些日子，我在报上看到某一位科学家发明了一种短时间的麻醉药，我脑子里就想，这种麻醉药是蛮有用的：在大宴会的演说开始之前，听演说的客人每人吃点麻醉药，倒是蛮有用的。

这是这位科学大圣人的风趣。这样一位圣人是很可爱的。

打破浪漫病①

　　刚才主席说"材料不很重要，重要的在方法"，这话是
很对的。有方法与无方法，自然不同。比如说，电灯坏了若有
方法就可以把它修理好。材料一样的，然而方法异样的，所得
结果便完全不同了。我今天要说的，就是材料很重要，方法不
甚重要。用同等的方法，用在两种异样的材料上，所得结果
便完全不同了。所以说材料是很要紧的。中国自西历1600至
1900年当中，可谓是中国"科学时期"，亦可说是科学的治
学时代。如清朝的戴东原先生在音韵学、校勘学上，都有严整
的方法。西洋人不能不承认这三百年是中国"科学时代"。我
们自然科学虽没有怎样高明，但方法很好，这是我们可以自己

① 本文为1928年12月初胡适在中国公学的演讲，原载1928年12月9日上海《民国
日报·觉悟》副刊。

得意的。闽人陈第曾著《毛诗古音考》《唐宋古音考》等些书。他的方法很精密的，是顾炎武的老祖宗。顾亭林、阎百诗等学者都开中国学术新纪元，他们是用科学方法探究学问的，顾氏是以科学方法研究韵学的，他的方法是用本证与旁证。比如研究《诗经》，从《诗经》本身来举证，是谓本证；若是从《诗经》的外面举证便谓旁证了。阎氏的科学方法是研究古文的真伪、文章的来源。

1609年的哥白尼听说在波兰国的北部一个眼镜店做小伙计，一天偶然叠上几片玻璃而发现在远方的东西，哥白尼以为望远镜是可以做到的。他利用这仪器，他对于天文学上就有很大的发现。像哈维（Harvey）、牛顿（Newton），还有显微镜发明者像黎汶豪（Leeuwenhoek），他们都有很大的发明。当哥白尼及诸大学者存在的时候，正是中国的顾炎武、阎百诗出世的时期。在这五六十年当中，东西文化、东西学说的歧异就在这里。他们所谓方法就是"假说"与"求证"，牛顿就是大胆去假定，然后一步一步去证明。这是和我们不同的地方。我们的方法是科学的，然而材料是书本文字。我们的校勘学是校勘古书古字的正确的方法，如翻考《尔雅》、诸子百家；考据学是考据古文的真伪。这一大堆东西可以代表清朝三百年的成绩。黎汶豪是以凿钻等做研究的工具；牛顿是以木、石、自然资料来研究天文学，像现在已经把太阳系都弄清楚了。前几天报上宣传英国天文台要与火星通讯，像这样的造就实在可怕的。十八、十九世纪时候，西方学者才开始研究校勘学，瑞典的加礼文他专攻校勘学，曾经编成《中国文字分析字典》像他这个洋鬼子不过研究四五年，而竟达到中国有三百年历史的校勘学成绩。加礼文说道："你们只在文字方面做工夫，不肯到汉口、广东、高丽、日本等地方实际考察文字的土音以为证明；要找出各种的读法应当要到北京、宁波……等地去。"这可证明探求学问方法完全是经验的，要实地调查的。顾亭林费许多时间而所得到的很少，而结果走错了路。

　　刚才杨教务长问我怎样医治"浪漫病"？我回答他说：浪漫的病症在哪里？我以为浪漫病或者就是"懒病"。你们都是青年的，都还不到壮年时期，而我们已是"老狗教不成新把戏"了。现在我们无论走哪条路，都是要研究微积分、生物学、天文学、物理学。我们要多做些实验工夫，要跟着西洋人走进实验室去。至于考据方面就要让我们老朽昏庸的人去做。黎汶豪的显微镜实在比妖怪还厉害，这是用无穷时间与时时刻刻找真理所得的结果。十九世纪时候，法国化学师柏士多（Pasteur）在显微镜下面发现很可怕的微生物。他并且感受疯狗的厉害，便研究疯狗起来。后来从狗嘴的涎沫里及脑髓中去探究，方知道是细菌在作祟，神经系中有毒。他把狗骨髓取出风干经过十三四天之久，就把它制成注射药水，可以治好给疯狗咬着的人。但是当时没有胆量就注射在人身上，只先在别的动物身上试验看看。在那时候很凑巧一位老太婆的儿子给狗咬伤，去请医生以活马当作死马医治，果然给他治好了。还有一位俄人，他给狼咬着，他就发明打针方法。法国酒的病，蚕的病亦给显微镜找出来了；欧洲羊的病，德国库舒（Koch）应用药水力量把羊医好。像蚕病、醋病与酒病治好后，实在每年给法国省下来几千万的法郎。普法战争后法国赔款有五十万万之巨额。然而英国哈维（Harvey）尝说：柏士多以一支玻璃管和一具显微镜，已把法国赔款都付清了。懒的人实在没有懂得学问的兴趣。学问本来是干燥东西，而正确方法是建筑在正确材料上的，像西方的牛顿那样的正确。我们中国要研究有结果，最要紧的是要到自然界去，找自然材料。做文学的更要到民间去，到家庭里去找活材料。我是喜欢谈谈：大家都是年富力强，应该要打破和消灭懒病。还要连带说一说"六〇六"药水，是德国医生Erlich发明的，用以杀杨梅疮的微菌，这位先生他用化学方法，经过八年六百零六次的试验研求而成功的。我们研究学问，要有材料和方法，要不懒，要坚决不拔的努力；那么，"浪漫病"就可以打破了。

科学的人生观[①]

上次我到苏州来，没有空到青年会来演讲很抱歉，今天特来补过，请罪。今天讲的题目，就是"科学的人生观"，研究人是什么东西？在宇宙中占据什么地位？人生究竟有何意味？因为少年人近来觉得很烦闷，自杀、颓废的都有，我比较至少多吃了几斤盐，几担米，所以来计划计划，研究自身人的问题。至于人生观，各人不同，都随环境而改变，不可以一个人的人生观去统理一切；因为公有公理，婆有婆理，我们至少要以科学的立场，去研究它，解决它。"科学的人生观"有两个意思：第一拿科学做人生观的基础；第二拿科学的态度、精神、方法，做我们生活的态度、生活的方法。

现在先讲第一点，就是人生是什么？人生是啥物事？拿科学

---

① 本文为1928年5月胡适在苏州青年会的演讲，王君纲记，原载1928年6月1日至2日上海《民国日报·觉悟》副刊。

的研究结果来讲，我在民国十二年发表的十条，这十条就是武昌有一个主教，称为新的十诫，说我是中华基督教的危险物的。十条内容如下：

一、要知道空间的大。拿天文、物理考察，得着宇宙之大；从前孙行者翻筋斗，一翻翻到南天门，一翻翻到下界，天的观念，何等的小？现在从地球到银河中间的最近的一个星，中间距离，照孙行者一秒钟翻十万八千里的速率计算，恐怕翻一万万个也翻不到，宇宙是何等的大？地球是宇宙间的沧海之一粟，九牛之一毛；我们人类，更是小，真是不成东西的东西！以前看得人的地位太重了，以为是万物之灵，同大地并行，凡是政治不良，就有彗星、地震的征象，这是错的。从前王充很能见得到，说："一个虱子不能改变那裤子里的空气，和那人类不能改变皇天一样。"所以我们眼光要大。

二、时间是无穷的长。从地质学、生物学的研究，晓得时间是无穷的长，以前开口五千年，闭口五千年，以为目空一切；不料世界太阳系的存在，有几万万年的历史，地球也有几万万年，生物至少有几千万年，人类也有二三百万年，所以五千年占很小的地位。明白了时间之长，就可以看见各种进步的演变，不是上帝一刻可以造成的。

三、宇宙间自然的行动。根据了一切科学，知道宇宙、万物都有一定不变的自然行动。"自是自己，然是如此"，就是自己自然如此，各物自己如此的行动，并没有一种背后的指示，或是一个主宰去规范他们。明白了这点，对于月蚀是月亮被天狗所吞的种种迷信，可以打破了。

四、物竞天择的原理。从生物学的智识，可以看到物竞天择的原理，鲫鱼下卵有几百万个，但是变鱼的只有几个；否则就要变成"鱼世界"了！大的吃小的，小的又吃更小的，人类都是如此。从此晓得人生不受安排，是自己如此的行动；否则要安排起来，为什么不安排一个完善的世界呢？

五、人是什么东西。从社会学、生理学、心理学方面去看，人是什么东西？吴稚晖先生说："人是两手一个大脑的动物，与其他的不同，只在程度上的区别罢了。"人类的手，与鸡、鸭的掌差不多，实是他们的弟兄辈。

六、人类是演进的。根据了人种学来看，人类是演进的；因为要应付环境，所以要慢慢的变；不变不能生存，要灭亡了。所以从下等的动物，慢慢演进到高等的动物，现在还是演进。

七、心理受因果律的支配。根据了心理学、生物学来讲，心理现状是有因果律的。思想、做梦，都受因果律的支配，是心理、生理的现象，和头痛一般；所以人的心理说是超过一切，是不对的。

八、道德、礼教的变迁。照生理学、社会学来讲，人类道德、礼教也变迁的。以前以为脚小是美观，但是现在脚小要装大了。所以道德、礼教的观念，正在改进。以二十年、二百年或二千年以前的标准，来判断二十年、二百年、二千年后的状况，是格格不相入的。

九、各物都有反应。照物理、化学来讲，物质是活的，原子分为电子，是动的，石头倘然加了化学品，就有反应，像人打了一记，就有反动一样。不同的，只在程度不同罢了。

十、人的不朽。根据一切科学智识，人是要死的，物质上的腐败，和猫死狗死一般。但是个人不朽的工作，是功德：在立德，立功，立言。善恶都是不朽。一块痰中，有微生物，这菌能散布到空间，使空气都恶化了；人的言语，也是一样。凡是功业、思想，都能传之无穷；匹夫匹妇，都有其不朽的存在。

我们要看破人世间、时间之伟大，历史的无穷，人是最小的动物，处处都在演进，要去掉那小我的主张，但是那小小的人类，居然现在对于制度、政治各种都有进步。

以前都是拿科学去答复一切，现在要用什么方法去解决人生，就是哪哼生活？各人有各人的方法，但是，至少要有那科学的方法、精神、态度去做。分四点来讲：

一、怀疑。第一点是怀疑，三个弗相信的态度，人生问题就很多。有了怀疑的态度，就不会上当。以前我们幼时的知识，都从阿狗、阿金、阿毛等黄包车夫、娘姨处学来；但是现在自己要反省，问问以前的智识是否靠得住？有此态度，对于什么马克思、牛克思等主义都不至于盲从了。

二、事实。我们要实事求是：现在像贴贴标语，什么打倒田中义一等，都仅徒务虚名，像豆腐店里生意不好，看看"对我生财"泄闷一样。又像是以前的画符，一画符病就好的思想。贴了打倒帝国主义，帝国主义就真个打倒了么？这不对，我们应做切实的工作，奋力的做去。

三、证据。怀疑以后，相信总要相信，但是相信的条件，就是拿凭据来。有了这一句，论理学诸书，都可以不读，赫胥黎的儿子死了以后，宗教家去劝他信教，但是他很坚决的说："拿有上帝的证据来！"有了这种态度，就不会上当。

四、真理。朝夕的去求真理，不一定要成功，因为真理无穷，宇宙无穷；我们去寻求，是尽一点责任，希望在总分上，加上万万分之一。胜固是可喜，败也不足忧。明知赛跑只有一个人第一，我们还要跑去，不是为我为私，是为大家。所以只有科学家，真真有共产主义精神，发明不是为发财，是为人类。英国有一个医生，发明了一种治肺的药。但是因为自秘，就被医学会开除了。

所以科学家是为求真理。庄子虽有"吾生也有涯，而知也无涯，以有涯逐无涯，殆已"的话头，但是我们还要向上做去，得一分就是一分，一寸就是一寸，可以有亚基米特氏发现浮力时叫Eureka①的快活，有了这种精神，做人就不会失望。所以人生的意味，全靠你自己的工作；你要它圆就圆，方就方，是有意味；因为真理无穷，趣味无穷，进步快活也无穷尽。

---

① Eureka：意为"我发现了！"。

工程师的人生观^①

今天要赶十点四十分钟的飞机到台东，所以只能很简单地说几句话，很为抱歉。报上说我作学术讲演，这是不敢当。我是来向工学院拜寿的。昨夜我问秦院长希望我送什么礼物。晚上想想，认为最好的礼物，是讲讲工程师的思想史同哲学史。所以我便以此送给各位。

究竟什么算是工程师的哲学呢？什么算是工程师的人生观呢？因为时间很短，我当然不能把这个大的题目讲得满意，只是提出几点意思，给现在的工程师同将来的工程师作个参考。法国从前有一位科学家柏格森（Bergson）说："人是制器的动物。"过去有许多人说："人是有效力的动物。"也有

---

① 本文为1952年12月27日胡适在台南工学院七周年纪念会上的演讲，原载1952年12月28日台北《中央日报》。

许多人说："人是理智的动物。"而柏格森说："人是能够制造器具的动物。"这个初造器具的动物，是工程师的老祖宗。什么叫做工程师呢？工程师的作用，在能够找出自然界的利益，强迫自然世界把它的利益一个一个贡献出来；就是改造自然、征服自然、控制自然，以减除人的痛苦，增加人的幸福。这是工程师哲学的简单说法。

大家都承认：学作工程师的，每天在课堂里面上应该上的课，在试验室里面作应该作的试验，也许忽略了最大的目标，或者忽略了真正的基本——工程师的人生观。所以这个题目，是值得我们考虑的。

昨天在工学院教授座谈会中，我说：我到了六十二岁，还不知道我专门学的什么。起初学农；以后弄弄文学，弄弄哲学，弄弄历史；现在搞《水经注》，人家说我改弄地理。也许六十五岁以后，七十岁的时候，说不定要到工学院做学生；只怕工学院的先生们不愿意收一个老学徒，说"老狗教不会新把戏"。今天在工学院做学生不够资格的人，要来谈谈现在的工程师同将来的工程师的人生观，实属狂妄，就是，有点大胆。不过我觉得我这个意思，值得提出来说说。人是能够制造器具的动物，别的动物，也有能够制造东西的，譬如：蜘蛛能够制造网，蜜蜂能够制造蜜糖，珊瑚虫能够制造珊瑚岛。而我们人同这些动物之所以不同，就是蜘蛛制造网的丝，是从肚子里出来的，它肚子里有无穷无尽的丝；蜜蜂采取百花，经一番制造，做成的确比原料高明的蜜糖。这些动物，可算是工程师；

但是它的范围，它用的只是它自己的本能。珊瑚虫能够做成很大的珊瑚岛，也是本能的。人，如果只靠他的本能，讲起来也是有限得很的！人与蜘蛛、蜜蜂、珊瑚虫所以不同，是在他充分运用聪明才智，揭发自然的秘密，来改造自然、征服自然、控制自然。控制自然，为的是什么呢？不是像蜘蛛织网，为的捕虫子来吃；人的控制自然，为的是要减轻人的劳苦，减除人的痛苦，增加人的幸福，使人类的生活格外丰富，格外有意义。这是"科学与工业的文化"的哲学。我觉得柏格森这个"人"的定义，同我们刚才简单讲的工程师的哲学，工程师的人生观，工程师的目标，是值得我们随时想想，随时考虑的。

这个话同这个目标，不是外国来的东西，可以说是我们老祖宗在几百年，甚至几千年以前，就有了这种理想了。目前有些人提倡读经；我倒很愿意为工程师背几句经书，来说明这个理想。

人如何能控制自然，制造器具呢？人控制自然这个观念，无论东方的圣人贤人，西方的圣人贤人，都是同样有的。我现在提出我们古人的几句话，使大家知道工程师的哲学，并不是完全外来的洋货。我常常喜欢把《易经·系辞》里面几句话翻成外国文给外国人看。这几句话是："见乃谓之象；形乃谓之器；制而用之谓之法；利用出入，民咸用之，谓之神。"看见一个意思，叫做象；把这个意象变成一种东西——形，叫做器；大规模的制造出来，叫做法；老百姓用工程师制造出来的这些器具，都说好呀！好呀！但是不晓得这器具是从一种意象来的，所以看见工程师便叫做神。

希腊神话，说火是从天上偷来的；中国历史上发明火的燧人氏被称为古帝之一——神。火，是一个大发明。发明火的人，是一个大工程师。我刚才所举《易·系辞》，从一个观念——意象——造成器具，这个意思，是了不得的。人类历史上所谓文化的进步，完全在制造器具的进步。文化的时代，是照工程师的成绩划分的。人类第一发明是火，大体说来，火的发现是文化的开始。下去为石器时代，无论旧石器时代、新石器时代，都是人类用智慧把石头造成器具的时候。再下去为青铜器时代，用铜制造器具，这是工程师最大的贡献。再下去为铁的时代，这是一个大的革命，后来把铁炼成钢。再下去发明蒸汽机，为蒸汽机时代。再下去运用电力，为电力时代。现在为原子能时代。这都是制器的大进步。每一个大时代，都只是制器的原料与动力的大革命。从发明火以后，石器时代、铜器时代、铁器时代、电力时代、原子能时代……这些文化的阶段，都是依工程师所创造划分的。

这种理想，中国历史上早就有了的。工学院水工试验室要我写字，我写了两句话。这两句话是《荀子·天论》篇里面的。《荀子·天论》，是中国古代了不得的哲学，也就是西方柏格森征服自然，以为人用的思想。《荀子·天论》说："从天而颂之，孰与制天命而用？大天而思之，孰与物蓄而制裁之？"这个文字，依照清代学者校勘，稍须改动。但意思没有改动。"从天而颂之"，是说服从自然。"从天而颂之，孰与制天命而用之？"两句话联起来说，意思是：跟着自然走而歌颂，不如控制自然来用。"大天而思之"，是问自然是怎样来的。"大天而思之，孰与物蓄而制裁之？"是说：问自然从哪里来的，不如把自然看成一种东西，养它、制裁它。把自然控制来用，中国思想史上只有荀子才说得这样彻底。从这两句话，也可以看出中国在两千二三百年前，就有控制天命——古人所谓天命，就是自然——把天命看作一种东西来用的思想。

"穷理致知"四个字，是代表七八百年前——十一世纪到十二世纪——宋朝的思想的。宋代程子、朱子提倡格物——穷理——的哲学。什么叫做"格物"呢？这有七十几种说法。今天我们不去研究这些说法。照程子、朱子的解释，"格物"是"即物而穷其理。……即凡天下之物，莫不因其已知之理而益穷之，以求至乎其极"。这样的格物致知，可以扩大人的知识。程子说，"今天格一物，明天格一物，习而久之，自然贯通"。有人以范围问他；他说，"上自天地之高大，下至一草一木，都要格的"。这个范围，就是科学的范围，工程师的范围。

两千二三百年前，荀子就有"制天命而用之"的思想；七八百年前，程子、朱子就有格物——穷理——的哲学。这是科学的哲学，可算是工程师的哲学。我们老祖宗有这样好的思想、哲学，为什么不能做到科学工业的文化呢？简单一句话，我们不幸得很，二千五百年以前的时候，已经走上了自然主义的哲学一条路了。像《老子》、《庄子》，以及更后的《淮南子》，都是代表自然主义思想的。这种自然主义的哲学发达得太早，而自然科学与工业发达得太迟：这是中国思想史的大缺点。

刚才讲的，人是用智慧制造器具的动物。这样，人就要天天同自然界接触，天天动手动脚的，抓住实物，把实物来玩，或者打碎它，煮它，烧它。玩来玩去，就可以发现新的东西，走上科学工业的一条路。比方"豆腐"，就是把豆子磨细，用其他的东西来点，来试验；一次，二次……，经过许多次的试验，结果点成浆，做成功豆腐；做成功豆腐还不够，还要做豆腐干、豆腐乳。豆腐的做成，很显然的，是与自然界接触，动手动脚，多方试验的结果，不是对自然界看看，想想，或作一首诗恭维自然界就行了的。

顶好一个例子，是格物哲学到了明朝的一个故事。明朝有一位大哲学家王阳明，他说，"照程子、朱子的说法，要做圣人，要'即物而穷其理'。'即物穷理'，你们没有试验过，我王阳明试验过了"。有一天，他同一位姓钱的朋友研究格物，并由钱先生动手格竹子，拿一个凳子坐在竹子旁边望，望了三天三夜，格不出来，病了。王阳明说，"你不够做圣人，我来格"。也端把椅子对着竹子望；望了一天一夜，两天两夜，……到了七天七夜，王阳明也格不出来，病了。于是王阳明说："我们不配做圣人，不能格物。"从这个故事，可以看出传统的不动手动脚，拿天然实物来玩的习惯。今天工学院植物系的学生格竹子，是要把竹子劈开，用显微镜来细细地看，再加上颜色的水，做各种试验，然后就可以判定竹子在工业上的地位。为什么王阳明格不出来，今天的工程师可以格出来？因王阳明没有动手动脚做器具的习惯，今天的工程师有动手动脚做器具的习惯。荀子"制天命而用之"的哲学，终敌不过老子、庄子"错（措）人而思天"的哲学。故程、朱的格物穷理思想，终不能应用到自然界的实物上去，至多只能在"读书"上（文史的研究上）发生一点功效。

今天送给各位工程师哲学的人生观，又约略讲了讲我们老祖宗为什么失败，为什么有了这样好的征服天然的理想，穷理致知的哲学，而没有造成功科学文化、工业文化。我们可以了解我们老祖宗让西方人赶上去了。同时，从西方人后来实现了我们老祖宗的理想，我们亦就可以知道，只要振作，是可以迎头赶上的。我们只要二十年、三十年的努力，就可以同世界上科学工业发达的国家站在一样的地位。

二十年前，中国科学社要我作一个社歌；后来请赵元任先生作了乐谱。今天我把这个东西送给各位工程师。这个社歌，一共三段十二句：

> 我们不崇拜自然。他是一个习钻古怪；
> 我们要捶他，煮他，要叫他听我们的指派。
>
> 我们要他给我们推车；我们要他给我们送信。

我们要揭穿他的秘密，好叫他服事我们人。

我们唱天行有常；我们唱致知穷理。

明知道真理无穷，进一寸有一寸的欢喜。

哲学与人生①

　　前次承贵会邀我演讲关于佛学的问题，我因为对于佛学没有充分的研究，拿浅薄的学识来演讲这一类的问题，未免不配；所以现在讲"哲学与人生"，希望对于佛学也许可以贡献点参考。不过，我所讲的许多地方和佛家意见不合，佛学会的诸君态度很公开，大约能够容纳我的意见的！讲到"哲学与人生"，我们必先研究它的定义：什么叫哲学？什么叫人生？然后才知道他们的关系。

　　我们先说人生。这六月来，国内思想界，不是有玄学与科学的笔战吗？国内思想界的老将吴稚晖先生，就在《太平洋杂志》上发表一篇《一个新信仰的宇宙观及人生观》。其中下了

----

① 本文为1923年11月胡适在上海商科大学佛学研究会的演讲，原载1923年12月10日《东方杂志》第20卷第23期。

一个人生定义。他说："人是哺乳动物中的有二手二足用脑的动物。"人生即是这种动物所演的戏剧，这种动物在演时，就有人生；停演时就没人生。所谓人生观，就是演时对于所演之态度，譬如：有的喜唱花面，有的喜唱老生，有的喜唱小生，有的喜摇旗呐喊；凡此种种两脚两手在演戏的态度，就是人生观。不过单是登台演剧红进绿出，有何意义？想到这层，就发生哲学问题。哲学的定义，我们常在各种哲学书籍上见到，不过我们尚有再找一个定义的必要。我在《中国哲学史大纲》上卷上所下的哲学定义说："哲学是研究人生切要的问题，从根本上着想，去找根本的解决。"但是根本两字意义欠明，现在略加修改，重新下了一个定义说："哲学是研究人生切要的问题，从意义上着想，去找一个比较可普遍适用的意义。"现在举两个例来说明他，要晓得哲学的起点是由于人生切要的问题，哲学的结果，是对于人生的适用。人生离开哲学，是无意义的人生；哲学离了人生，是想入非非的哲学。现在哲学家多凭空臆说，离得人生问题太远，真是上穷碧落，愈闹愈糟！

　　现在且说第一个例：二千五百年前在喜马拉雅山南部有一个小国——迦叶——里，街上倒卧着一个病势垂危的老丐，当时有一个王太子经过，在别人看到，将这老丐赶开，或是毫不经意的走过去了，但是那王太子是赋有哲学的天才的人，他就想人为什么逃不出老、病、死，这三个大关头，因此他就弃了他的太子爵位、妻孥、便嬖、皇宫、财货，遁迹入山，去静想人生的意义。后来忽然在树下想到一个解决，就是将人生一切问题拿主观去看，假定一切多是空的，那么，老、病、死，就不成问题了。这种哲学的合理与否，姑不具论，但是那太子的确是研究人生切要的问题，从意义上着想去找他以为比较普遍适用的意义。

我们再举一个例：譬如我们睡到半夜醒来，听见贼来偷东西，那我就将他捉住，送县法办。假如我们没有哲性，就这么了事，再想不到"人为什么要作贼"等等的问题；或者那贼竟然苦苦哀求起来，说他所以作贼的原故，因为母老、妻病、子女待哺，无处谋生，迫于不得已而为之，假如没哲性的人，对于这种吁求，也不见有甚良心上的反动。至于富于哲性的人就要问了，为什么不得已而为之？天下不得已而为之的事有多少？为什么社会没得给他做工？为什么子女这样多？为什么老、病、死？这种偷窃的行为，是由于社会的驱策，还是由于个人的堕落？为什么不给穷人偷？为什么他没有我有？他没有我有是否应该？拿这种问题，逐一推思下去，就成为哲学。由此看来，哲学是由小事放大，从意义着想而得来的，并非空说高谈能够了解的。推论到宗教哲学、政治哲学、社会哲学等，也无非多从活的人生问题推衍阐明出来的。

我们既晓得什么叫人生，什么叫哲学，而且略会看到两者的关系，现在再去看意义在人生占的什么地位？现在一般的人饱食终日，无所用心。思想差不多是社会的奢侈品。他们看人生种种事实，和乡下人到城里看见五光十色的电灯一样。只看到事实的表面，而不了解事实的意义。因为不能了解意义的原故，所以连事实也不能了解了。这样说来，人生对于意义，极有需要，不知道意义，人生是不能了解的。宋朝朱子这班人，终日对物格物，终于找不到着落，就是不从意义上着想的原故。又如平常人看见病人种种病象，他单看见那些事实而不知道那些事实的意义，所以莫名其妙。至于这些病象一到医生眼里，就能对症下药，因为医生不单看病象，还要晓得病象的意义的原故。因此，了解人生不单靠事实，还要知道意义！

那么，意义又从何来呢？有人说：意义有两种来源，一种是从积累得来，是愚人取得意义的方法；一种是由直觉得来，是大智取得意义的方法。积累的方法，是走笨路；用直觉的方法是走捷径。据我看来，欲求意义唯一的方法，只有走笨路，就是日积月累的去做刻苦的工夫，直觉不过是熟能生巧的结果，所以直觉是积累最后的境界，而不是豁然贯通的。大发明家爱迪生有一次演说，他说：天才百分之九十九是汗，百分之一是神。可见得天才是下了番苦功才能得来，不出汗决不会出神的。所以有人应付环境觉得难，有人觉得易，就是日积月累的意义多寡而已。哲学家并不是什么，只是对人生所得的意义多点罢了。

欲得人生的意义，自然要研究哲学史，去参考已往的死的哲理。不过还有比较更重要的，是注意现在的活的人生问题，这就是做人应有的态度。现在我举两个模范的大哲学家来做我的结论，这两大哲学家一个是古代的苏格拉底，一个是现代的笛卡尔。

苏格拉底是希腊的穷人，他觉得人生醉生梦死，毫无意义，因此到公共市场，见人就盘问，想借此得到人生的解决。有一次，他碰到一个人去打官司，他就问他，为什么要打官司？那人答道，为公理。他复问道，什么叫公理？那人便瞠目结舌不能作答。苏氏笑道，我知道我不知你，却不知道你不知呵！后来又有一个人告他的父亲不信国教，他又去盘问，那人又被问住了。因此希腊人多恨他，告他两大罪，说他不信国教，带坏少年，政府就判他的死刑。他走出来的时候，对告他的人说："未经考察过的生活，是不值得活的。你们走你们的路，我走我的路罢！"后来他就从容就刑，为找寻人生的意义而牺牲他的生命。

笛卡尔旅行的结果，觉到在此国以为神圣的事，在他国却视为下贱；在此国以为大逆不道的事，在别国却奉为天经地义，因此他觉悟到贵贱善恶是因时因地而不同的。他以为从前积下来的许多观念知识是不可靠的，因为他们多是趁他思想幼稚的时候侵入来的。如若欲过理性的生活，必得将从前积得的知识，一件一件用怀疑的态度去评估他们的价值，重新建设一个理性的是非。这怀疑的态度，就是他对于人生与哲学的贡献。

现在诸君研究佛学，也应当用怀疑的态度去找出他的意义，是否真正比较得普遍适用？诸君不要怕，真有价值的东西，决不为怀疑所毁；而能被怀疑所毁的东西，决不会真有价值。我希望诸君实行笛卡尔的怀疑态度，牢记苏格拉底所说的"未经考察过的生活，是不值得活的"这句话。那么，诸君对于明阐哲学，了解人生，不觉其难了。

在北大成立二十五周年纪念会上的讲话①

今天是北京大学成立第二十五年的纪念日，我于当然的庆祝以外还有一种自私的快乐。今天也是我个人的生日。况且去年大学纪念日及我个人三十岁生日纪念完以后，那天晚上我又得一个儿子。所以今天在我个人有三种庆祝：我自己，我的二十四岁的小兄弟北大及我的一岁的小朋友——儿子。

但是同时有一件小的不幸，就是我近来病了。每夜两点钟以后便不能安睡。稍为做一点事，腰背便疼痛，不能支持。据中西医生的诊断都说是因为过于劳苦所致。现在我已向校中告假一年，假期即从今天起，到明年秋天开学时回校。这件事已蒙蔡先生允准了，所以我要同诸君作八九个月的小别。

---

① 本文为1922年12月17日胡适在北京大学成立二十五周年纪念会上的演讲，陈政记录，原载1922年12月23日《北京大学日刊》。

因此我今天很有一点感触，觉得个人的生命和健康是不定的，只有团体——大我——的生命和健康是长久的继续不断的。然而北京大学的生命始终还是保存着，并且不断的向前生长。所以我们对于他应该有许多的希望。这几年来组织上很有进步，学校的基础也日趋稳固。所最惭愧的是在学术上太缺乏真实的贡献。我在今天《北大日刊纪念刊》上《回顾与反省》一文里，引了近代诗人龚定庵"但开风气不为师"一句话，我说，这话只可为个人说，而不可为一个国立的大学说。国立的大学不但要开风气，也是应该立志做大众师表的。近数年来，北大在"开风气"这方面总算已经有了成绩；现在我们的努力应该注重在使北大做到"又开风气又为师"的地位。

诸位看着这边出版品展览部所陈列的报章杂志及书籍三百多种，总算是本校同人在近年中国著作界的贡献了，但是究竟有多少真正的学术上的价值！依据中国学术界的环境和历史，我们不敢奢望这个时候在自然科学上有世界的贡献，但我个人以为至少在社会科学上应该有世界的贡献。诸位只要到那边历史展览部一看，便可知道中国社会科学材料的丰富。我们只是三四个月工作的结果，就有这许多成绩可以给社会看了。这两部展览，一边是百分之九十九的裨贩，一边是整理国故的小小的起头。看了这边使我们惭愧，看了那边使我们增加许多希望和勇气。

我们有了几千年的历史、思想、宗教、美术、政治、法制、经济的材料；这些材料都在那里等候我们的整理；这个无

尽宝藏正在等候我们去开掘。我们不可错过这种好机会；我们
不可不认清我们"最易为力而又最有效果"的努力方向。我现
在不能多说话，就此同诸位暂时告别。

提高和普及[①]

今天我带病来参与开学典礼，很愿意听听诸位新教授的言论及对于我们的希望。我从1917年（即民国六年）来到本校，参与了三年的开学典礼。一年得一年的教训，今天又是来亲受教训的日子了。

我本来不预备说话，但蒋先生偏偏提出我的谈话的一部分，偏偏把"且听下回分解"的话留给我说，所以我不能不来同诸位谈谈。

我暑假里，在南京高等师范的暑期学校里讲演，听讲的有七八百人，算是最时髦的教员了。这些教员是从十七省来的，故我常常愿意同他们谈天。他们见面第一句就恭维我，

---

① 本文为1920年9月17日胡适在北京大学开学典礼上的演讲，原载1920年9月18日《北京大学日刊》，又载1920年9月23日《晨报副刊》。

说我是"新文化运动"的领袖。我听了这话，真是"惭惶无地"。因为我无论在何处，从来不曾敢说我做的是"新文化运动"。他们又常常问我，"新文化"的前途如何，我也实在回答不出来。

我以为我们现在哪里有什么文化，我们北京大学，不是人称为新文化运动的中心吗？你看最近的一期《学艺》杂志里有一篇《对于学术界的新要求》，对我们大学很有些忠实的规谏。他引的陈惺农先生对于编辑《北京大学月刊》的启事，我们大学里有四百多个教职员，三千来个学生，共同办一个月刊，两年之久，只出了五本。到陈先生编辑的时候，竟至收不到稿子，逼得他自己作了好几篇，方才敷衍过去。《大学丛书》出了两年，到现在也只出了五大本。后来我们想，著书的人没有，勉强找几个翻译人，总该还有。所以我们上半年，弄了一个《世界丛书》，不想五个月的经验结果，各处寄来的稿子虽有一百多种，至今却只有一种真值得出版。像这样学术界大破产的现象，还有什么颜面讲文化运动？所以我对于那一句话的答语，就是"现在并没有文化，更没有什么新文化"。再讲第二问题，现在外面学界中总算有一种新的现象，是不能不承认。但这只可说是一种新动机、新要求，并没有他们所问的"新文化运动"。他们既然动了，按物理学的定律，决不能再使不动。所以唯一的方法，就是把这种运动的趋向，引导到有用、有结果的路上去。

这种动的趋向有两个方面：

一、普及　现在所谓"新文化运动"，实在说得痛快一点，就是新名词运动。拿着几个半生不熟的名词，什么解放、改造、牺牲、奋斗、自由恋爱、共产主义、无政府主义……。你递给我，我递给你，这叫作"普及"。这种事业，外面干的人很多，尽可让他们干去，我自己是赌咒不干的，我也不希望我们北大同学加入。

二、提高　提高就是——我们没有文化，要创造文化；没有学术，要创造学术；没有思想，要创造思想。要"无中生有"地去创造一切。这一方面，我希望大家一起加入，同心协力用全力去干。只有提高才能真普及，越"提"得"高"，越"及"得"普"。你看，桌上的灯决不如屋顶的灯照得远，屋顶的灯更不如高高在上的太阳照得远，就是这个道理。

现在既有这种新的要求和新的欲望，我们就应该好好预备一点实在的东西，去满足这种新要求和新欲望。若是很草率地把半生不熟的新名词，去解决他们的智识饥荒，这岂不是耶稣说的"人间我讨面包，我却给他石块"吗？

我们北大这几年，总算是挂着"新思潮之先驱"、"新文化的中心"的招牌，但是我刚才说过，我们自己在智识学问这方面贫穷到这个地位，我们背着这块金字招牌，惭愧不惭愧，惭愧不惭愧！所以我希望北大的同人、教职员与学生，以后都从现在这种浅薄的"传播"事业，回到一种"提高"的研究工夫。我们若想替中国造新文化，非从求高等学问入手不可。我们若想求高等学问，非先求得一些求学必需的工具不可。外国语、国文、基本科学，这都是求学必不可少的工具，我们应该拿着这种切实的工具，来代替那新名词的运动，应该用这种工具，却切切实实地求点真学问，把我们自己的学术程度提高一点。我们若能这样做去，十年二十年以后，也许勉强有资格可以当真做一点"文化运动"了。二三十年以后，朱逷先先生和陈女士做中国现代史的时候，也许我们北大当真可以占一个位置。

我把以上的话总括起来说：

> 若有人骂北大不活动，不要管他；若有人骂北大不热心，不要管他。但是若有人说北大的程度不高，学生的学问不好，学风不好，那才是真正的耻辱！我希望诸位要洗刷了它。我不希望北大来做那浅薄的"普及"运动，我希望北大的同人一齐用全力向"提高"这方面做工夫。要创造文化、学术及思想，惟有真提高才能真普及。

学术救国[1]

今天时间很短，我不想说什么多的话。我差不多有九个月没到大学来了！现在想到欧洲去。去，实在不想回来了！能够在那面找一个地方吃饭，读书就好了。但是我的良心是不是就能准许我这样，尚无把握。那要看是哪方面的良心战胜。今天我略略说几句话，就作为临别赠言吧。

去年8月的时候，我发表了一篇文章，说到救国与读书的，当时就有很多人攻击我。但是社会送给名誉与我们，我们就应该本着我们的良心、知识、道德去说话。社会送给我们的领袖的资格，是要我们在生死关头上，出来说话作事，并不是送名誉与我们，便于吃饭拿钱的。我说的话也许是不入耳之

---

① 本文为1926年7月胡适在北京大学的演讲，毛坤、李竟何记录，记录稿现存中国社会科学院近代史研究所。

言，但你们要知道不入耳之言亦是难得的呀！

　　去年我说，救国不是摇旗呐喊能够行的；是要多少多少的人投身于学术事业，苦心孤诣实事求是的去努力才行。刚才加藤先生说新日本之所以成为新日本之种种事实，使我非常感动。日本很小的一个国家，现在是世界四大强国之一。这不是偶然来的，是他们一般人都尽量的吸收西洋的科学，学术才成功的。你们知道无论我们要作什么，离掉学术是不行的。

　　所以我主张要以人格救国，要以学术救国。今天只就第二点略为说说。

　　在世界混乱的时候，有少数的人，不为时势转移，从根本上去作学问，不算什么羞耻的事。"三一八"惨案过后三天，我在上海大同学院讲演，我是这个意思。今天回到大学来与你们第一次见面，我还是这个意思，要以学术救国。

　　这本书是法人巴士特（Pasteur）的传。是我在上海病中看的，有些地方我看了我竟哭了。

　　巴氏是1870年普法战争时的人。法国打败了。德国的兵开到巴黎把皇帝捉了，城也占了，订城下之盟赔款五万万。这赔款比我们的庚子赔款还要多五分之一。又割亚尔撒斯、罗林两省地方与德国，你们看当时的文学，如像莫泊桑他们的著作，就可看出法国当时几乎亡国的惨象与悲哀。巴氏在这时业已很有名了。看见法人受种种虐待，向来打战〔仗〕没有被毁过科学院，这回都被毁了。他十分愤激，把德国波恩大学（Bonn）所给他的博士文凭都退还了德国。他并且作文章说："法兰西为什么会打败仗呢？那是由于法国没有人才。为什么法国没有人才呢？那是由于法国科学不行。"以前法国同德国所以未打败仗者，是由于那瓦西尔（Lauostes）一般科学家，有种种的发明足资应用。后来那瓦西尔他们被革命军杀死了。孟勒尔（Moner）将被杀之日，说："我的职务是在管理造枪，我只管枪之好坏，其他一概不问。"要科学帮助革命，革命才能成功。而这次法国竟打不胜一新造而未统一之德国，完全由于科学不进步。但二十年后，英人谓巴士特一人试验之成绩，足以还五万万赔款而有余。

巴氏试验的成绩很多，今天我举三件事来说：

第一，关于制酒的事。他研究发酵作用，以为一个东西不会无缘无故的起变化的。定有微生物在其中作怪。其他如人生疮腐烂，传染病也是因微生物的关系。法国南部出酒，但是酒坏损失甚大。巴氏细心研究，以为这酒之所以变坏，还是因其中有微生物。何以会有微生物来呢？他说有三种：一是有空气中来的，二是自器具上来的，三是从材料上来的。他要想避免和救济这种弊病，经了许多的试验，他发明把酒拿来煮到五十度至五十五度，则不至于坏了。可是当时没有人信他的。法国海军部管辖的兵舰开到外国去，需酒甚多，时间久了，老是喝酸酒。就想把巴氏的法子来试验一下，把酒煮到五十五度，过了十个月，煮过的酒，通通是好的，香味颜色，分外加浓。没有煮过的，全坏了。后来又载大量的煮过的酒到非洲去，也是不坏。于是法国每年之收入增加几万万。

第二，关于养蚕的事。法国蚕业每年的收入极大。但有一年起蚕子忽然发生瘟病，身上有椒斑点，损失甚大。巴氏遂去研究，研究的结果，没有什么病，是由于作蛹变蛾时生上了微生物的原故。大家不相信。里昂曾开委员会讨论此事。巴氏寄甲乙丙丁数种蚕种与委员会，并一一注明，说某种有斑点，某种有微生虫，某种当全生，某种当全死。里昂在专门委员会研究试验，果然一一与巴氏之言相符。巴氏又想出种种简单的方法，使养蚕的都买显微镜来选择蚕种。不能置显微镜的可送种到公安局去，由公安局员替他们检查。这样一来法国的蚕业大为进步，收入骤增。

第三，关于畜牧的事。法国向来重农，畜牧很盛。十九世纪里头牛羊忽然得脾瘟病，不多几天，即都出黑血而死。全国损失牛羊不计其数。巴氏以为这一定是一种病菌传入牲畜身上的原故，遂竭力研究试验。从1877年到1881年都未找出来。当时又发生一种鸡瘟病。巴氏找出鸡瘟病的病菌，以之注入其他的鸡，则其他的鸡立得瘟病。但是这种病菌如果放置久了，则注入鸡身，就没有什么效验。他想这一定是氧气能够使病菌减少生殖的能力。并且继续研究把这病菌煮到四十二度与四十五度之间则不能生长。又如果把毒小点的病菌注入牲畜身上，则以后遇着毒大病菌都不能为害了。因为身体内已经造成了抵抗力了。

当时很有一般学究先生们反对他，颇想使他丢一次脸，遂约集些人卖了若干头牛若干头羊，请巴氏来试验。巴氏把一部分牛羊的身上注上毒小的病菌两次。第三次则全体注上有毒可以致死的病菌液。宣布凡注射三次者一个也不会死，凡只注射一次者，一个也不会活。这不啻与牛羊算命，当时很有些人笑他并且替他担忧。可是还没有到期，他的学生就写信告诉他，说他的话通通应验了，请他赶快来看。于是成千屡万的人〔来〕看，来赞颂他，欢迎他，就是反对他的人亦登台宣言说十分相信他的说法。

这个发明使医学大有进步，使全世界前前后后的人都受其赐。这岂只替法还五万万的赔款？这直不能以数目计！

他辛辛苦苦的试验四年才把这个试验出来。谓其妻曰："如果这不是法国人发明，我真会气死了。"

此人是我们的模范，这是救国。我们要知道既然在大学内作大学生，所作何事？希望我们的同学朋友注意，我们的责任是在研究学术以贡献于国家社会。

没有科学，打战〔仗〕、革命都是不行的！

中国文学过去与来路①

　　诸位！近四十年来，在事实上，中国的文学，多半偏于考据，对于新文学殊少研究，以我专从事研究学术与思想的人去讲文学，颇觉不当，但"既来之，则安之"，所以也不得不说几句话。我觉得文学有三方面：一是历史的，二是创造的，三是鉴赏的。历史的研究固甚重要，但创造方面更其要紧，而鉴赏与批评也是不可偏废的。马幼渔先生在中国文学系设文学讲演一科，可谓开历来的新纪元，如有天才的人，再加以指导、批评，则其天才当有更大的进展。马先生本来是约我和徐志摩先生作第一次讲演的，不幸得很，志摩死了，只好我来作第一次讲演，以后当讲一讲徐先生的作品，今天讲的题目是：

---

① 本文为1931年12月30日胡适在北京大学国文系的演讲，翟永坤笔记，原载1932年1月5日天津《大公报》。

"中国文学过去与来路"。这好像是店家看看账一样，究竟是货物的来路如何，再去结算一下总账。过去大约有四条来路，来路也就是来源。

第一，来源于实际的需要。譬如吾人到研究室里去，看看甲骨文字，上面有许多写着某月某日祭祀等等，巴比仑之砖头，上面写信，写着某某人，我们中国以前也用竹简或木简，近来在西北所发现的竹简很多，像这些祭祀、通信、卜辞，报告等等，都是因为实际的需要才有的，这些是记事的体裁，如《墨子》《庄子》等书，也都是为着实际的需要才逼出来的。

第二，来源于民间。人的感情在各种压迫之下，就不免表现出各种劳苦与哀怨的感情，像匹夫匹妇，旷男怨女的种种抑郁之情，表现出来，或为诗歌，或为散文，由此起点，就引起后来的种种传说故事，如《三百篇》大都是民间匹夫匹妇、旷男怨女的哀怨之声，也就是民间半宗教半记事的哀怨之歌。后来五言诗七言诗，以至公家的乐府，它们的来源也都是由此而起的。如今之舞女，所唱的歌，或为文人所作给她们唱的，又如诗词、小说、戏曲，皆民间故事之重演，像《诗经》、《楚辞》、五言诗、七言诗，这都是由民间文学而来。

第三，来源于国家所规定的考试。国家规定考试的一种体裁，拿这种文章的体裁去考试人材，这是一种极其机械的办法，如唐朝作赋，前八字一定为破题，以后就变为八股了，这是机械的，愈机械愈好，像五言律诗、七言律诗，都是这一种的东西，这没有什么价值，但是它的影响却很大，中国五六百年来，均受此种影响，这也可说是一条来路。

第四，来源于外国文学。中国不幸得很，因为处的地势与环境的关系，没有哪一国给中国以新的体裁。只有一条路，即是印度，中国受了印度不少的影响，如小说、诗歌、记事之故事等等，都是受了她的熏染与陶冶的，我们中国不受她的影响，也许会有小说、诗歌、戏曲，但没有她，决不能给我们以绝大之力量的进展，吾人相信受她的影响，比自身当有五六百倍之大，因为我们先人给与我们不过是一些简单之文字，如"子曰……诗云……"等等，而想象力又很薄弱，吾民族可谓极简单极朴实之民族，如《离骚》之想象力，尚称较为丰富，但其思想充其量亦不过想到上天下地而已，印度就大不然了，如《般若经》等等，不惟想到天上有天，以至三十三重天，而且想到大千世界，以至无数的天，又如《维摩诘经》不过为一简单之小说，吾人却当一经典，到处风行，又如《法华经》，以及其他各种经典，讲佛家的故事，讲释迦牟尼成佛的故事……能给予吾人以有兴趣的深切的感觉，不知不觉也随之到了一种佛的境界，这种力量是何等的重大，思想是何等的高深啊！像《西游记》《封神榜》这一类的书，都是受了它们绝大的影响的，譬如俗语说："看了《西游记》，到老不成器，看了《封神榜》，到老不像样。"这些话都足以证明此二书风行之普遍，与灌输民间思想之深入。其实这两种书描写的不受事实之拘束，与想象力之解放，都是受了印度佛教的思想，他们这种想象力之解放与奔腾，实为吾思想简单朴实之民族所不能及。前在敦煌石室，发现种种佛家文学，亦甚重要。总之如无印度文学，决不会产生像《西游记》《封神榜》这类有价值的东西，她实在直接间接的给予吾人以各种丰富的想象，吾人才会产生好的文学来。

这四条路，第三条虽是与中国文学影响很大；但是有害的，没有什么价值，最重要的还是第二条路的民间文学，占一个极重要的位置，中国文学史没有生气则已，稍有生气者皆自民间文学而来。前与傅斯年先生在巴黎时谈起民间文学有四个时期；第一个时期，是诗词、歌谣，本身的自然风行民间。第二个时期，是由民间的体裁传之于文人，一些文人们也仿着这种体裁做起民间的文学来。第三个时期，是他们自己在文学里感觉着无能，于是第一流的文学家的思想也受了影响，他们的感情起了冲动，也以民间的文学作为体裁而产生出一种极伟大的文学，这可以说是一个很纯粹的时期。第四个时期，是公家以之作成乐府，此时期可谓最出风头了。但是到了极高峰，后来又慢慢的低落下来了，如乐府《陌上桑》是顶好的文学作品，后来就有人摹仿着作《陌上桑》，例如胡适之又摹仿那个摹仿作《陌上桑》的人作《陌上桑》，后来又有人摹仿胡适之作起来，这样以至无穷无穷，才慢慢的变为下流。如词曲、小说，都是这样，先有王实甫、曹雪芹、施耐庵等，后来就有人摹仿他们，以至低落下去，这样一来，是很危险的。

民间文学，一般士大夫（外国所谓之Gentleman）向来看不起他们，这是因为：第一缺陷，来路不高明，他们出身微贱，故所产生的东西，士大夫们就视作雕虫小技，《诗经》，是他们所不敢轻视的，因为是圣人所订，《楚辞》为半恋爱半爱国的热烈的沉痛的感情奔放作品，故站得住，五七言诗为曹氏所扶植，因他们为帝王，故亦站得住，词曲、小说，不免为小道，皆为其出身微贱的原故。第二缺陷，因为这些是民间细微的故事，如婆婆虐待媳妇啰，丈夫与妻子吵了架啰，……那些题目、材料，都是本地风光，变来变去，都是很简单的，如五七言诗，词曲等也是极简单不复杂的，这是因为匹夫匹妇，旷男怨女思想的简单和体裁的幼稚的原故，来源不高明，这也是一个极大的缺陷。第三缺陷为传染，如民间浅薄的、荒唐的、迷信的思想互相传染。第四缺陷，为不知不觉之所以作，凡去写文艺的，是无意的传染与摹仿，并非有意的去描写，这一点甚关重要，中国二千五百年的历史，可谓无一人专心致意的来研究文学，可谓无一人专心致意的来创造文学！这种缺陷是不可以道里计的。到了唐朝，韩退之、白香山等深感觉骈文流行之不便，才把他们认为古文的改为散文，这种运动，可说是一种文学运动，二千五百年无一人有此种运动，十四年前有新文学运动，亦为此一种，这是由无意的传染一变而为有意的研究。

新文学的来路，也有两条：

一、就是民间文学，如现今大规模的搜集民间歌谣故事等；帮助新文学的开拓，实非浅鲜。

二、除印度外，即为欧洲文学，我们新的文学，受欧洲影响极大，欧洲文学，最近两三百年如诗歌、小说等皆自民间而来，第一流人物，把这种文学看作专门事业，当成是一种极高贵的、极有价值的终身职业，他们倡导文学的是极有名的人，如华茨华斯（William Wordsworth 1770—1850）、莫泊霜（Maupassant 1850—1893）等等都是倡导文学的第一等人才，他们的文学并非由外传染，而是由内心的创造，他们是重视文学的，有这种种原故，所以才能产生出伟大的作品。我们的新文学，现在我们才知道有所谓自然主义、浪漫主义、写实主义、象征主义、心理分析……种种派别之不同，并非小道可比，这是我们受了西洋文学的洗礼的结果。

今日替诸位算一算旧账，现在当教授的也提倡民间文学，以新的眼光和新的方法去看待它，也许从二千五百年以来要开辟一条新的道路。

中国文学史的一个看法[①]

　　兄弟今天到这里来讲演，觉得没有什么好题目。兹来讲讲"中国文学史的一个看法"。本来一个讲题，可以有几种看法。在未讲本题之前，先给诸位讲一件故事，有一不识字之裁缝者，供其子读书，一日，子从校中来信，此裁缝即请其左邻杀猪的代看，杀猪的即告裁缝道：这是你儿子要钱的信，上写"爸爸，没钱啦！拿钱来"。裁缝听了，非常懊丧生气，以为供子读书，连称呼礼法都没有了。旋又请其右邻之牧师来看，牧师看后，说道此信写的甚好。信上说："父亲大人膝下……你。老人家辛苦得来的钱，供我念书，非常不忍，不过现在买书交学费等，非用钱不可，盼你老人家多为难，儿子是很对不

----
① 本文为1932年12月22日胡适在北京培英女中的演讲，署名明记录，原载1932年12月23日北平《晨报》。

住的……"裁缝听了,笑逐颜开,赶紧给他儿子寄钱去了。

从此事看来,足见一件事,可以有几种看法,关于中国文学史,也有几种看法,第一种的看法:是牧师的看法,这种看法怎么样呢?他是从商周时代之最古文看起,到在春秋战国时,即有诸子百家之文章,代表那一时代的文学。到汉则以《史记》、《汉书》作该时代文学之代表。到晋朝以后,又发生怪僻之文学,迄至唐朝,遂又复古,同时接受了前朝历代的遗留,由当代文人,加以许多点染,于是有《唐诗三百首》之创作,及"离骚"词赋,曲歌古文之类。当时文学作家中之捣乱分子,进行词曲等之创作,所谓词者,诗之语也,曲者,词之语也,然无论其创作如何,仅能作当代正统文学之附属品,而不能以之作为时代之代表。自唐宋而后,以至于元明清,甚至当代国学家之伪国国务总理郑孝胥之流,殆未出乎摹古之范围。以上这种看法,总是站在一条线上接连不断的来看中国文学史,这种看法,是牧师的看法,文绉绉的,实在看不出什么内容来。至于兄弟今天是采用杀猪的看法,且听兄弟道来:

文学史是有两种潮流,一种是只看到上层的一条线,一种是下层的潮流,下层潮流,又有无数的潮流,这下层的许多潮流,都会影响到上层去,上层文学是士大夫阶级的,他是贵族的,守旧的,保守的,仿古的,抄袭的,这种文学,我们就是不懂也没要紧。我们要懂中国整个文学史,必要从某时代的整个潮流去看,现在的文学史,是比前时代扩大了,是由下层许多暗潮中看出来。诸位小姐太太们:凡是历代文学之新花样

子，全是从老百姓中来的，假使没有老百姓在随时随地的创作
文学上的新花样，早已变成"化石"了。

老百姓的文学是真诚朴素的，它完全是不加修饰的，自
由的，从内心中发出各种的歌曲，例如：唐诗楚辞，汉之乐
府，其内容无一不是老百姓中得来，所有文学，不过经文人之
整理而已。尤其是每一时代之新文学，如五言，七言，词曲，
歌谣，弹词，白话散文等，都是来自民间。

兄弟所谓杀猪的看法，就是不是文绉绉的从一条线上去
看，而是粗野的把文学看成两个潮流，上层潮流是士大夫阶级
的，下层文学的新花样皆从老百姓中得来。所谓文学潮流的新
花样的形成，是经过四个时期：

第一时期是老百姓创作时期，与上层是毫无关系，在创
作时期，是自由的，富于地方个人等特别风味，他是毫不摹
仿，而是随时随地的创作时期。

第二时期是从下层的创作，转移到上层的秘密过渡时
期，当着老百姓的创作已经行了好久，渐渐吹到作家耳中，挑
动了艺术心情，将民间盛行之故事歌谣小说等，加以点缀修
改，匿名发行，此风一行，更影响到当代之名作家，由民间已
传流许久之故事等，屡加修正，整理，于是风靡当世，当代文
学潮流，为之掀动。

第三时期则因上等作家对新花样文学之采用，遂变成了
正统文学中之一部分。

第四时期则为时髦时代，此时已失去了创作精神，而转

为专尚摹仿，因之花样不鲜，而老百姓却又在创作出新的。

我们根据近四十年来的新发现，才知道我们过去提倡白话文学胆太小了，还不够杀猪的资格，只要看敦煌石洞藏书中有许多白话文学，即可知其由来已早。大凡每一时期的潮流的到来，都是经过一极长的创作时期，例如《水浒传》、《西游记》等曾风行一时，而创作者更出多人之手，种类繁多，由此可知现行文学，皆由长时蜕化而来，所以我们必须以历史进化的眼光来看历史，由此可以得到以下三点教训：

（一）老百姓从劳苦中不断的创作出新花样的文学来，所谓"劳苦功高"，实在使我们佩服。

（二）有些古人高尚作家不受利欲熏诱，本艺术情感之冲动，忍不住美的文学之激荡，具脱俗，牺牲之精神。如施耐庵、曹雪芹之流，更应使我们欣佩。因为老百姓的作品，见解不深，描写不佳，暴露许多弱点，实赖此流一等作家完成之也。

（三）文学之作品，既皆从民间来，固云幸矣，然实亦幸中之大不幸，因为民间文学皆创之于无知无识之老百姓，自有许多幼稚，虚幻，神怪，不通之处，并且这种创作已经在民间盛行了好久，才影响到上层来，每每新创作被埋没下去，在西洋文学之创作权，概皆操之于作家之手，而中国则操之于民间无知之人，所以我说是幸中之不幸，深望知识阶级，负起创作文学之任务。

中国历史的一个看法①

　　历史可有种种的看法，有唯心的，唯物的，唯人的，唯英雄的……各种看法，我现在对于中国历史的看法，是从文学方法的，文学的名词方面的，是要把它当作英雄传，英雄诗，英雄歌，一幕英雄剧，而且是一幕英雄悲剧来看。

　　民族主义是爱国的思想，英国有名的先哲曾说过："一个国家要觉得它可爱时，是要看这个国家在历史上是否有可爱之点"，中国立国五千年，时时有西北的蛮族——匈奴、鲜卑……不断的侵入，可说是无时能够自主的，鸦片战争又经过百年，而更有最近空前的危急，在此不断的不光荣的失败历史中，有无光荣之点，它的失败是否可以原谅，在此失败当中，

---

① 本文为1932年12月1日胡适在武汉大学的演讲，收入1966年台北文星书店出版的《胡适选集》演讲分册。

是否可得一教训。

这一出五千年的英雄悲剧，我们看见我们的老祖宗继续和环境奋斗，经过了种种失败与成功，在此连台戏中，有时叫我们高兴，有时叫我们着急，有时叫我们伤心叹气，有时叫我们掉泪悲泣，有时又叫我们看见一线光明，一线希望，一点安慰，有时又失败了，有时又小成功了，有时竟大失败了，这戏中的主人翁，是一位老英雄——中华——他的一生是长期的奋斗，吃尽了种种辛苦，经了种种磨难，好像姜子牙抵御三十六路伐西岐，刚刚平了一路，又来了一路；又好像唐三藏西天取经，经过了八十一大难，刚脱离了一难，又遭一难似的，这样继续不断奋斗，所以是一篇英雄剧，磨难太多，失败太惨，所以是一篇悲剧。

本来在中国的文字中——戏剧中、小说中，悲剧作品很少，即如《红楼梦》一书，原是一个悲剧，而好事者偏要作些圆梦、续梦、复梦等出来，硬要将林黛玉从棺材里拿出来和贾宝玉团圆，而认为以前的不满意，这真不知何故，或者他们觉得人类生活本来是悲剧的，历史是悲剧的，因此却在理想的文学中，故意来作一段团圆的喜剧。

在这老英雄悲剧中，我们把他分作几个剧目，先说到剧中的主人，主人是姓中名华——老中华，已如上述，舞台是"中国"，是一座破碎的舞台——穷中国，老天给我们祖宗的，实在不是地大物博，而是一块很穷的地方，金银矿是没有的，除东北黑龙江和西南的云贵一部分外，都是要用丝茶到外国去换的，煤铁古代是不需要的，土地虽称广阔，然可耕之地不过百分之二十，而丝毫无用的地却有三分之一，所以我们的祖宗生下来，就是在困难中。

这剧的开始，要算商周，以前的不讲，据安阳发掘出来的成绩，商代民族活动区域，只有河南、山东、安徽的北部，河北、山西南部的一块，也许到辽宁一部，他们在此建设文化时，北狄、南蛮不断的混入，民族成了复杂的民族，在此环境之下，他们居然能唱一出大戏，这是一件很了不得的事情。我们现在撇开了"跳加官"类开台戏，专看后面的几幕大戏。

第一幕　老英雄建立大帝国
第二幕　老英雄受困两魔王
第三幕　老英雄死里逃生
第四幕　老英雄裹创奋斗
第五幕　老英雄病中困斗

第一幕　老英雄建立大帝国

中国有历史的时期自商周始，驰〔疆〕域限于鲁豫，已如上述，在商代社会中迷信很发达，什么事情都问鬼，都要卜，如打猎、战争、祭祀、出门……事无大小，都要把龟甲或牛骨烧灰，看他的龟纹以定吉凶，在此结果，而发明了龟甲、牛骨原始象形的文字。这文字是很笨的图画，全不能表达抽象的意思，只能勉强记几个物事名词而已，在这正在建设文化的时候，西方的蛮族——周，侵犯过来了，他具强悍的天性，有农业的发明，不久把那很爱喝酒的、敬鬼的、文化较高的殷民族征服了，这一来，上面的——政治方面是属于周民族，下面的就是属于殷民族，二民族不断的奋斗：在上面的周民族很难征服下面的殷民族，孔子虽是殷人（宋国），至此很想建设一个现代文化，故曰"吾从周"，而周时，也有人见到两文化接触，致有民族之冲突，所以东方（淮水流域）派了周公去治理，南方（汉水流域）派了召公去治理，封建的基础，即于此时建设，但是北狄、南蛮在此政治之下经了长期的斗争，才将他们无数的小国家征服，把他们的文化同化，以后才成七个大国家，不久遂成一个大帝国。

至于文字方面，也是从龟甲上的，牛骨上的，不达意的文字，经过充分的奋斗，而变为后代的文字，文学方面、哲学方面、历史方面，都得着可以达意的记载，这是一件很不容易的事情。

在周朝的时候，许多南蛮要想侵到北方来，北边的犬戎也要侵到南部去，酝酿几百年，犬戎居然占据了周地，再经几百年，南方也成了舞台的部分。

此时的建设期中，产生了一个"儒"的阶级，儒本是亡国的俘虏——遗老，他本是贵族阶级，是文化的保存者，亡国以后，他只得和人家打打官司，写写字，看看地，记记账，靠这类小本领混碗饭吃而已（根据《荀子》的《非十二子》），这班人——"儒"一出来，世界为之大变，因为他们是不抵抗者、是儒夫，我们从字义看，凡是和儒字同旁的字眼，都是弱的意思，如需（耎）字加车旁是软弱的輭（软）字，加心旁是懦字，加子旁是孺字，是小孩子，他们是唱文戏的，但是力量很大，因为他们是文化传播者，是思想界，老子后世称他为道家，但他正是"儒"的阶级中之代表，他的哲学是儒的哲学，他的书中常把水打譬喻，因为水是最柔弱的，最不抵抗的，这就是儒的本身，他们一出，凡是唱武戏的，至此跟着唱起文戏来了，幸而在此当中，出来一个新派，这就是孔子，他的确不能谓之儒者，就是儒者也是"外江"派，他的主张是"杀身成仁。"他说："志士成仁，有杀身以成仁，无求生以害仁。"又说："士不可以不弘毅，任重而道远，人以为己任，死而后已。"这完全和老子相反，老子是信天的，主自然的，而新派孔子，是讲要作人的，且要智仁勇三者都发达，他是奋斗的，"知其不可而为之"，这就是他的精神，新派唱的虽也是文戏，但他们以"有教无类"打破一切阶级，所以后来产生孟子、荀子，弟子李斯、韩非，韩非虽然在政治上失败，而李斯却成了大功，造成了一个大帝国。（第一幕完）

第二幕　老英雄受困两魔王

不久汉朝兴起来了，一班杀猪的，屠狗的，当衙役一起来建设了一个四百年的帝国，他们可说得上是有为者，如果没有他们的奋斗，则决不会有这四百年的帝国，但是基础究未稳固，而两个魔王就告来临！

第一个魔王——野蛮民族侵入，在汉朝崩溃的时候，夷狄——羌、匈奴、鲜卑都起来，将中国北部完全占领（300至600），造成江左偏安之局。

第二个魔王——印度文化输入，前一个魔王来临，使我们的生活野蛮化，后一个魔王来临，就是使我们宗教非人化，这印度文化侵略过来，在北面是自中央亚细亚而进，在南方是由海道而入，两路夹攻，整个的将中国文化征服。

原来中国儒家的学说是要宗亲——"孝"，要不亏其体，因为"身体发肤，受之父母，不敢毁伤"，将个人看得很重，而印度文化一来呢？他是"一切皆空"，根本不要作人，要作和尚，作罗汉——要"跳出三界"，将身体作牺牲！如烧手、烧臂、烧全身——人蜡烛，以献贡于药王师，这风气当时轰动了全国，自王公以至于庶人，同时迎佛骨——假造的骨头，也照样的轰动，这简直是将中国的文化完全野蛮化！非人化！（第二幕完）

第三幕　老英雄死里逃生

这三百年中——隋、唐时代是很艰难的奋斗，先把北方的野蛮民族来同化他，恢复了人的生活，在思想方面，将从前的智识，解放出来，在文学方面，充满了人间的乐趣。人的可爱，肉的可爱，极主张享乐主义，这于杜甫和白居易的诗中都可以看得出，故这次的文化可说是人的文化。再在宗教方面，发生了革命，出来了一个"禅"！禅就是站在佛的立场上以打倒佛的，主张无法无佛，"佛法在我"，而打倒一切的宗教障、仪式障、文字障，这都成功了，所以建设第二次帝国，建设人的文化和宗教革命，是老英雄死里逃生中三件大事实。（第三幕完）

第四幕　老英雄裹创奋斗

老英雄正在建设第三次文化的时候，北方的契丹、女真、金、元继续的侵过来了，这时老英雄已经是受了伤，——精神上受了伤（可说是中了精神上的鸦片毒，因为印度有两种鸦片输到中国，一是精神上的鸦片烟——佛，一是真鸦片），受了千年的佛化，所以此时是裹创奋斗，然而竟也建立第三次大帝国——宋帝国，全国虽是已告统一，但身体究未复元，而仍然继续人的文化，推翻非人的文化（这段历史自汉至明，中国和欧洲人相同，宗教革命也是一样），范文正公的"先天下之忧而忧，后天下之乐而乐"，和王荆公的变法，正与前"任重而道远"的学说相符合。

在唐代以前，北魏曾经辟过佛，反对过外国的文化，禁止胡服胡语即其例，但未见成功，而在唐代辟佛的，如韩愈，他曾说过："人其人，火其书，庐其居。"三个大标语，这风气虽也行过几十年，但不久又恢复原状，然在这一次，却用了一种软工夫来抵制这非人的文化，本来是要以"人的政治""人的法律""人的财政"来抗住它的，但还怕药性过猛，病人受纳不起，所以司马光、二程等，主张无为，创设"新的哲学""新的人生观"，在破书堆中找到一本一千七百几十个字的《大学》来打倒十二部大佛经，将此书中的"格物""致知""正心""诚意""修身""齐家""治国""平天下"这一套，来创造新的人的教育，新的哲学，新的人生观，这实在是老英雄裹创奋斗中的一个壮举。但到了蒙古一兴起，老英雄已筋疲力竭，实在不能抵抗了！（第四幕完）

第五幕　老英雄病中困斗

这位老英雄到明朝已经是由受创而得病了，他的病状呢？一是缠足，我们晓得在唐朝被称的小脚是六寸，到这时是三寸了，实在是可惊人！二是八股文章，三是鸦片由印度输入，这三种东西，使老英雄内外都得病症。

再有一宗，就是从前王荆公的秘诀已被人摒弃了，本来他的秘诀一是"有为"，是"向外"，但一班的习静者，他们要将喜怒哀乐等，于静坐中思之，结果是无为，是无生气，而不能不使这老英雄在病中困斗。

清代的天下居然有二百余年，这实是程朱学说——君臣观念所致，因为此时的民族观念抵不住君臣的名分观念，不过老英雄在此当中，而仍有其成绩在，就是东北和西南的开辟，推广他的老文化，湖南在几十年前，在政治上占有极大势力，广东、广西于此时有学术上的大贡献，这都是老英雄在病中的功绩，他虽然在政治上失地位，然而在学术上却发生一种"实事求是"的精神——科学的精神，而成就了一种所谓的"汉学"，这种新的学术，是不主静而主动的，它的哲学是排除思想而求考据，考据一学发生，金石、历史、音韵，各方面都发达，顾亭林以一百六十二个证据，来证明"服"字读"逼"字音，这实在具有科学之精神，不过在建设这"人的学术"当中，老英雄已经是老了，病了！

尾声

这老英雄的悲剧，一直到现在，仍是在奋斗中，他是从奋斗中滚爬出来，建设了人的文化，同化了许多蛮族，平了许多外患，同化了非人的文化，从一千余年奋斗到如今，实在是不易呀！这种的失败，可说是光荣的失败！在欧洲曾经和我们一样，欧洲过去的光荣，我们都具备着，但是欧洲毕竟是成功，这种原因，我认为我们是比他少了两样东西，就是少了一个大的和附带一个小的，大的是科学，小的是工业。我们素来是缺乏科学，文治教育看得太重，我们现在把孔子和其同时的亚里士多得、柏拉图来比一比，柏拉图是懂得数学的，"不懂数学的不要到他门下来"，亚里士多得同时是研究植物的，孔子较之，却未必然吧？与孟子同时的欧几里得，他的几何至今沿用，孟子未尝能如此吧？在清代讲汉学的时候，虽说是有科学的精神，却非加利莱用望远镜看天文，用显微镜看微菌，以及牛顿发现地心吸力可比，所以中西的不同，不自今日始，我们既明白了这个教训，比欧洲所缺乏的是什么？我们知道了，我们的努力就有了目标，我们这老英雄是奋斗的，希望我们以后给他一种奋斗的工具，那么，或者这出悲壮的英雄悲剧，能够成为一纯粹的英雄剧。